主　　编　杭志荣

副 主 编　牛致贞　郭兆俊　袁春梅

参　　编　祁向荣　史寒君　刘　倩　赵　婧　戈　雯
　　　　　　王晓敏　王欣然　杨玉梅　杨一华

KUAIJI GANGWEI SHIXUN MOKUAI JIAOCHENG

会计岗位实训模块教程

兰州大学出版社
LANZHOU UNIVERSITY PRESS

图书在版编目（ＣＩＰ）数据

会计岗位实训模块教程 / 杭志荣主编. -- 兰州：
兰州大学出版社，2019.3
ISBN 978-7-311-05595-0

Ⅰ．①会… Ⅱ．①杭… Ⅲ．①会计学－职业教育－教
材 Ⅳ．①F230

中国版本图书馆CIP数据核字(2019)第049033号

策划编辑	濮丽霞	
责任编辑	郝可伟	
封面设计	陈　文	

书　　名　会计岗位实训模块教程
作　　者　杭志荣　主编
出版发行　兰州大学出版社　（地址:兰州市天水南路222号　730000）
电　　话　0931-8912613(总编办公室)　0931-8617156(营销中心)
　　　　　0931-8914298(读者服务部)
网　　址　hhttp://press.lzu.edu.cn
电子信箱　press@lzu.edu.cn
印　　刷　甘肃发展印刷公司
开　　本　787 mm×1092 mm　1/16
印　　张　30
字　　数　634千
版　　次　2019年3月第1版
印　　次　2019年3月第1次印刷
书　　号　ISBN 978-7-311-05595-0
定　　价　58.60元

（图书若有破损、缺页、掉页可随时与本社联系）

序

近年来，党中央国务院非常重视职业教育的发展，习近平总书记指出："职业教育是国民教育体系和人力资源开发的重要组成部分，是广大青年打开通往成功成才大门的重要途径，肩负着培养多样化人才、传承技术技能、促进就业创业的重要职责，必须高度重视、加快发展。"为现代职业教育体系与职业教育改革和发展提供了强大的思想动力。为了满足全社会对高技能人才的需求，我国的中等职业教育根据"五对接"的基本要求，从办学模式、人才培养目标、教育模式和方法等诸多方面不断实践和探索。

职业学校教材建设，作为适应现代职业教育体系建设、落实《中等职业教育大纲》的根本要求、满足高技能人才培养的规律、对接行业和企业用人需求的基础工程也必须与时俱进，考虑到目前职业教育对象的特点和素质特征，改变过去职业教育教材职业教育特点不突出、滞后于行业和企业的用人需求、过于追求学科体系的系统性和完整性的缺点和不足。

包头财经信息职业学校的课程教学改革和校本教材研发，正是基于上述理性思考和现实状况不断实践和探索，以学校教学更加符合学生实际为出发点，以"实用、适用、够用、可教"为原则，以现实工作岗位为落脚点，从通识、原理、方法、技能、教学认知规律入手，让学生易于理解、掌握和实践，架构"能力目标-技能训练-学生主体"的体系，培养出能力为本、技能突出、职业素养显著提升的学生，实现专业教学与学生就业岗位的零距离对接。

一套富有生命力和感染力的教材，应该以满足教学需要为根本宗旨，不断适应现代职业教育的改革和发展。本系列教材、实训教程，是我校课程教学改革的成果之一，既是我们校本教研的成果展示，又是校企融合、专业共建的经验总结，更是提升专业教学成果的试金石。

教材编写工作展示了学校的办学底蕴和不断探索的精神追求，我校还在不断探索创新的路上，需要我们不断探索、不断总结、不断完善，由于时间急促、水平有限，教材中难免存在疏漏甚至不足之处，正所谓"以文会友、以友辅仁"，对你们的支持我们深表谢意，定在今后实践中不断改进。

惠风和畅播真知，仁德育出筑梦人。让我们不忘初心、共同努力、勇于实践、不断探索，为中等职业教育发展而继续耕耘。

韩峰

2019 年 3 月 1 日

序文作者韩峰为中国职教学会职业高中（中专）委员会学术委员会副主任委员、内蒙古师范大学教育科学学院客座教授、内蒙古人社厅基础能力建设专家组成员、包头财经信息职业学校校长。

前 言

（第二版）

随着知识经济时代的到来，信息化应用也日益结合于经济生活之中，社会对会计实用人才的要求也越来越高。职业教育正是一种顺应时代发展的需要、为经济建设第一线培养应用型人才的教育模式。基于职业教育"培养的学生不需再培训就能直接上岗操作"的应用型人才培养目标，本着必需、够用为度，将专业技能重点放在强化会计技能训练的原则，我们组织具有丰富的教学经验的老师对《会计岗位实训模块教程》进行了修订。

修订后的《会计岗位实训模块教程》保留了前版的一些主要内容，同时结合当今经济发展的新趋势、新规范，在征求许多用人单位的意见后，进行了相应修订，以符合各类职业院校教材的使用和实训。本次修订主要做了如下工作。

1.更新了教材的结构体系。各自成章，内容安排更加合理。本教材的编写吸纳、总结多年的教学实践新思路，以项目化任务驱动教学法为主线，以任务解析、技能训练方式分解实训任务，增强了模块教学优势。任务明确，思路清晰，边讲边练，对接紧密，便于引导学生自主性训练。

2.与时代发展同步。在修订中随时关注国内外经济法规和结算制度的改变，本次修订吸收了新的经济法规、制度的内容，并对所有因制度变化导致业务凭证的改变进行了更新，尽量将最具有时代性的资料和最新的操作技术纳入书中。

3.本教材保留了前版教材的突出优势。依会计工作任务，按基本岗位模块式设计，各自独立成篇，可独立教学，又可通过技能训练组合，实现会计整体技能的掌握和提升。以期实现使实训者能够在学习会计理论的同时，至少掌握某个岗位技能，以满足社会对各种会计岗位的职业需求。

本教材的组织结构目前主要包含以下四个模块：出纳岗位实训模块、职工薪酬核算岗位实训模块、会计核算岗位实训模块、成本会计岗位实训模块。

本教材由包头财经信息职业学校杭志荣主任主编，牛致贞、郭兆俊、袁春梅任副主编，祁向荣、史寒君、刘倩、赵婧、戈雯、王晓敏、王欣然、杨玉梅、杨一华参加了编写工作。具体分工如下：出纳岗位实训模块由郭兆俊、史寒君、袁春梅编写；职工薪酬核算岗位实训模块由刘倩、杭志荣、杨一华、杨玉梅编写；会计核算岗位实训模块由袁春梅、杭志荣、牛致贞、赵婧、戈雯、王晓敏、王欣然编写；成本会计岗位实训模块由杭志荣、牛致贞、祁向荣、杨玉梅编写。

修订后的教材是包头财经信息职业学校各方倾力工作与集体智慧的结晶，在修订过程中得到包头财经信息职业学校领导及相关合作单位的大力支持，在此表示深深的感谢。

本教材是职业院校会计专业学生学习、实训的通用教材，还可作为企业会计继续教育的教材及广大财经干部自学实务的工具书。

尽管我们在职业院校会计实训教材特色建设上做了不懈努力，但不足之处在所难免，恳请相关院校和读者在使用本教材的过程中给予关注，并将意见反馈给我们，以便再次修订时完善。

编　者

2019 年 3 月

前　言

随着我国经济的高速发展，社会对会计使用人才的要求越来越高。各用人单位已不满足招用财经院校经过传统意义上学习和培训的毕业生，而是需要就业时"不需再培训就能直接上岗操作"的会计技能型人才。中等财经类学校的培养目标正好同用人单位的职业需求不谋而合。为此我们结合新会计准则的精要，同时考虑中职会计教育的就业对口单位主要是中小企业，将小企业会计制度的一些核算内容进行了一定的融合，编写了这本按会计岗位原型设计的《会计岗位实训模块教程》，以配合中职会计教材的使用和实战训练。

本教程是我们结合多年的会计实训教学经验，调研了许多用人单位，在征求了相关意见和建议的基础上编写的。本教程主要具有如下特点：

1.按会计工作的任务设计，本教程同其他实训教材的最主要区别就是依会计工作的任务，按基本岗位模块式设计，各自独立成篇，可独立教学，可通过技能训练组合，实现会计整体技能的掌握和提升。

2.针对性强，突出职业技能的实用性。本教程主要针对中职会计教育对象，结合其实际素质，突出对某个会计岗位操作技能的训练，以其实受教育者能够在学习会计理论的同时，至少掌握某个岗位技能，以满足社会对中职会计的职业需求，在经济业务设计上，尽量符合客观实际与仿真环境下日常经济业务处理为准，以够用、胜任为宗旨。

3.以讲练结合的方式完成本岗位实训教程，针对中职学生的基础素质及接受能力，采用边讲边练、少讲多练的方式，是本教程的最佳教学方式。

4.体验全真会计岗位氛围，实现上岗就能操作的教学目标。按真实会计岗位设计，激发学生兴趣，实现"上岗就能操作"的教学目标。

本教程共四个实训模块：出纳岗位实训模块、工资核算岗位实训模块、会计核算岗位实训模块、成本会计岗位实训模块。

本教程由包头财经学校杭志荣任主编，包头财经学校周凤仙任主审，包头财经学校牛致贞、郭兆俊、戈雯任副主编，包头财经学校祁向荣、袁春梅、杨一华、杨玉梅、史寒君参加了本教程编写工作。具体分工如下：出纳岗位实训模块由郭兆俊、袁春梅编写；工资核算岗位实训模块由杨一华、杨玉梅、杭志荣编写；会计核算岗位实训模块由戈雯、杭志荣、牛致贞、袁春梅、史寒君编写；成本会计岗位实训模块由杭志荣、牛致贞、祁向荣、杨玉梅编写。

本教程是包头财经学校各方倾力工作与集体智慧的结晶。在编写过程中，得到了包头财经学校校长张文光、副校长周凤仙的大力支持，在次表示深深的感谢。

尽管我们在中职会计实训教材建设中做出了不懈努力，但是由于中职教育尚处于发展不平衡时期，教材建设特别是实训教材的编写还处于探索阶段，因此不妥之处在所难免，恳请相关学校和读者在使用教程的过程中给予关注并将意见反馈给我们，以便修订完善。

编　者

2009 年 8 月

目　录

第一篇　出纳岗位实训模块

第二篇　职工薪酬核算岗位实训模块

第三篇　会计核算岗位实训模块

第四篇　成本会计岗位实训模块

第一篇

出纳岗位实训模块

项目一
出纳岗位实训知识准备

项目目标

　　知晓出纳工作内容，掌握出纳岗位责任制及工作流程，了解出纳工作组织的设置。

任务一　出纳概述

【实训任务】

　　通过学习，了解出纳的含义及出纳工作的特点；知晓出纳工作的职能。

【任务解析】

　　1.出纳的含义；

　　2.出纳工作的特点；

　　3.出纳工作的职能。

【实训教学内容】

　　一、出纳的含义

　　出纳，作为会计名词，运用在不同的场合有着不同的含义。出纳一词有出纳工作、出纳人员和出纳学三种含义。

　　出纳工作是企业、机关、事业单位的票据、货币资金以及有价证券等的收付、保管、核算工作的总称，通常讲的出纳指的是出纳工作。

　　出纳工作有广义和狭义之分，从广义上讲，只要是票据、货币资金和有价证券的收付、保管、核算都属于出纳工作，它既包括单位会计部门的各项票据、货币资金、有价证券收付、保管、核算等方面的工作，也包括各单位业务部门的货币资金收付、保管等方面的工作。狭义的出纳工作则是指各单位会计部门专设出纳岗位或人员的各项工作。

　　出纳人员也有广义和狭义之分。从广义上讲，出纳人员既包括会计部门的出纳人员，也包括业务部门的各类收款员（收银员）。狭义的出纳人员是指会计部门的出纳人员。

　　出纳学是出纳工作实践经验的概括和总结，是指导出纳工作实践的具体方法和基本原理的论述。它要告诉人们，什么是出纳工作，出纳工作包括哪些内容，各项出纳工作应如何开展等实际问题，是专职出纳人员和收款人员从事本职工作所必须具备的专业知识。

二、出纳工作的特点

（一）以统一货币为计量单位

出纳核算一般以人民币作为记账本位币；以外币结算为主的企业，则可以选定某种外币作为记账本位币。

（二）出纳核算是一种明细核算

出纳核算是一种特殊的明细分类核算，它要求分别按照库存现金和银行存款设置日记账。

（三）出纳工作是一种账实兼管的工作

出纳工作既包括出纳账务处理，又包括现金、有价证券等实物管理和银行存款收付业务的办理。

（四）出纳工作直接参与经济活动过程

出纳人员参与货币价款的收入与支出；参与各项费用的支付；参与往来款项的收付；参与各种有价证券的经营以及其他金融业务的办理。这也是出纳工作的一个显著特点。

二、出纳工作的职能

（一）收付职能

出纳最基本的职能是收付职能。企业经营活动购销款的收付，往来款项的收付，及各种有价证券及金融业务往来的办理，这些业务往来的现金、票据和金融证券的收付和办理，及银行存款业务的办理，都必须经过出纳人员之手。

（二）反映职能

出纳通过其特有的库存现金日记账、银行存款日记账、有价证券的各种明细分类账等对本单位的货币资金和有价证券进行详细的记录与核算。

（三）监督职能

出纳对企业的各种经济业务，特别是货币资金收付业务的合法性、合理性和有效性进行全过程的监督。

（四）管理职能

出纳对货币资金、有价证券等进行保管，对银行存款和各种票据进行管理。

任务二　出纳人员岗位责任制和职业道德

【实训任务】

通过学习掌握出纳岗位的岗位职责，并在实操中熟练应用。

【任务解析】

　　1.出纳人员岗位责任制；

　　2.出纳人员职业道德。

【实训教学内容】

　　一、出纳人员岗位责任制

　　出纳是会计工作的重要环节，涉及的是现金收付、银行结算等工作，而这些又直接关系到职工个人、单位及国家的经济利益，工作出了差错，就会造成不可挽回的损失。因此，根据《会计法》《会计基础工作规范》等财会法规，出纳人员应严格履行如下岗位责任制。

　　1.负责将每日收到的现金和支票，及时、足额送存银行。

　　2.负责员工工资的发放、职工差旅费等其他费用的支付及内部各部门备用金的收支业务。

　　3.及时、准确地办理银行结算业务，规范使用支票。

　　4.保护本单位库存现金和有价证券的安全与完整，保管单位印鉴、空白收据和空白支票等，严防丢失、被盗和毁损。

　　5.负责根据审核无误的原始凭证编制记账凭证，逐日逐笔序时登记现金日记账和银行存款日记账。

　　6.每天要清点、核对库存现金，确保账实相符。每日终了时，应计算现金收入合计、支出合计及结余数。银行存款日记账应定期与银行对账单核对，至少每月核对一次，并编制银行存款余额调节表进行检查核对。

　　7.掌握银行存款余额，不准签发空头支票，不准出租、出借银行账户为其他单位办理结算。

　　8.出纳人员发生的差错款和假钞，不论款额大小，一律由个人赔付。

　　【案例1】束妍系包头华海家电有限公司出纳员，2018年8月18日单位银行账户余额为3.2万元，束妍在未查明余额的情况下，开出支票8.2万元。请指出出纳员束妍属于什么不合规行为？银行应如何处罚包头华海家电有限公司？

　　【案例2】樊梅系包头华海家电有限公司出纳员，2018年8月8日，樊梅将8月1日至8日收到的八张支票总计21.6万元一并存入银行。试分析樊梅的出纳工作是否尽职尽责？

　　【案例3】温悦系包头华海家电有限公司的另一位出纳员，分管现金支付业务，每周末她将其登记的库存现金记账的余额与保险柜中的现金核对一下，确保账实相符。试分析温悦的工作是否遵守其岗位责任制的要求。

　　二、出纳人员的职业道德

　　1.懂法执法。出纳人员必须按照《会计法》等相关的法律、法规和《企业会计准则》的规定及企业内部财务管理制度、银行结算法规等的规定，依法工作，做到实事求是，客观公正。

2.爱岗敬业。出纳人员要热爱本职工作，努力钻研业务，有较高的出纳实务处理水平，有较强的数学运算能力。出纳的数学运算速度要快，又不能出错，如果出错，不一定能及时"改"过来，要准中求快。

3.出纳人员要树立极强的保安意识，并具有相应的保安常识。

4.财务部门在选出纳人员时，必须选思想素质高、廉洁自律的人员，上岗后要时时进行职业道德的教育和监督检查，避免道德失范。出纳人员还要公私分明，不贪不占，不挪用公款，不监守自盗。

5.搞好服务。出纳人员应当熟悉本单位的生产经营和业务管理情况，及时、准确地办理好收付款、费用报销等业务，为经营管理做好服务。

【案例4】河北省高邮市出纳人员柏某利用贪污的公款一次消费超过100万元，浑身贴满"天价面膜"，河北省高邮市检察院指控，2013年8月至2015年12月期间，柏某利用担任高邮市农委现金会计的职务便利，采取伪造银行对账单、从银行提取现金、私自将公款转入个人卡中不记账等手段，疯狂作案57起，涉嫌贪污公款达1051.9万余元。2013年8月29日，柏某私自从单位账户上取现3万元，非法占为己有，竟然没有被单位发现，胆子便大了起来。刚开始的时候，挪用的金额都通过现金支票取现的方式把钱取出来，后来金额越来越大，取现太麻烦了，就直接在农行办理了一张私人借记卡，再把小金库里的钱，转到卡上。

柏某供述，为了不让别人发现她挪用巨额资金，她伪造了银行对账单和利息单，通过做假账，实现了所谓的收支平衡。从单位挪用那么多钱，她知道自己是没有能力偿还的，事情也迟早会败露，但此时她的"美容之路"已经失控，便有了破罐子破摔的念头，心想能美容一次算一次，砸进美容院的钱从几万到十几万，再到后来的几十万，甚至最多的一次超过100万元。夸张的是，有时候美容，她浑身上下贴满上万元一片的面膜。除了美容，柏某还购买了首饰、名表等奢侈品。2016年4月份，高邮农委进行岗位调整，柏某知道一旦换了岗位，自己的事情就败露了，与其被查出来不如自己主动交代，于是选择了投案自首。自首之后，柏某一直在深刻反省，很后悔，由于自己的虚荣心，把单位的钱拿出去美容消费和个人开支，在两年的时间里都不知道收手，一直到单位账户上余额已经没有多少钱了，给单位造成了巨大损失。

要求：师生共同思考、讨论柏某案例暴露出的问题。

任务三 库存现金、票据及印章的保管

【实训任务】

通过学习掌握库存现金、有价证券、支票、收据、印章等重要资产和物品保管的常识。

【任务解析】

1.库存现金的保管；

2.空白支票及空白收据的保管；

3.印章的保管。

【实训教学内容】

一、库存现金及有价证券的保管

（一）库存现金的保管

1.超过库存限额的现金应在下班前送存银行。

2.除工作时间需要的小量备用金可放在出纳人员的抽屉内外，其余的则应放入出纳的保险柜内。

3.限额内的库存现金当日核对清楚后，一律放在保险柜内，不得放在办公桌内过夜。

4.单位的库存现金不准以个人名义存入银行。

5.库存现金分为纸币和铸币，应分类在保险柜内保存，纸币一定要铺平分类存放，并按照纸币的票面金额，以每一百张为一把，每十把为一捆扎好。铸币也是按照币面金额，每一百枚为一卷，每十卷为一捆。

6.保险柜只能由出纳人员开启使用，保险柜密码严格保密，不得向他人泄露，出纳人员工作变动时，应及时更换密码。保险柜钥匙丢失，不得随意找人修理或配钥匙。

（二）有价证券的保管

有价证券的保管与库存现金的保管基本一致，但需要建立认购有价证券登记簿，登记各种有价证券的票面金额和号码及各种债券的到期时间。

二、空白支票及空白收据的保管

（一）空白支票的保管

支票的保管必须由专人负责。要贯彻票、印分管的原则，空白支票和印章不得由一人负责保管。支票填写有误时，要加盖"作废"章，连同存根一起保管。

（二）空白收据的保管

空白收据一般应由会计主管人员保管，要建立空白收据登记簿，填写领用的日期、单位、起始号码。出纳员在使用时，可签字领用一本，用完后再领。收据用完后要及时归还核销，不得开具实务与票面不相符的收据，更不能开具存根联与其他联不符的收据。作废的收据要加盖"作废"章，各联要连同存根一起保管，不得撕毁。

三、印章的保管

1.支票印章一般由主管人员或指定专人保管，支票和印章必须由两个人分别保管。

2.负责保管印章的人员不得将印章随意存放或带出工作单位。各种印章的保管应与库存现金的保管相同，不得随意放入抽屉内。

任务四　出纳工作组织及账务处理程序

【实训任务】

通过学习掌握企业出纳人员的岗位设置与出纳业务处理程序。

【任务解析】

1.出纳机构与人员设置；

2.出纳工作日程；

3.出纳账务处理程序；

4.出纳工作的交接。

【实训教学内容】

一、出纳机构与人员设置

想一想出纳员每天上班要做的第一件事应该是什么？下班前，出纳员不能忘记做的事情又是什么？各单位可根据规模大小和货币资金管理的要求设置出纳机构。

1.规模不大的单位出纳工作量不大，可设专职出纳员一名。

2.规模较小的单位出纳工作量较小，可设兼职出纳员，但《会计法》规定，出纳人员不得兼任稽核、会计档案保管和收入、支出、费用、债权债务账目的登记工作。

3.规模较大的单位出纳工作量较大，可设多名出纳员，如分设管理收付的出纳员和管账的出纳员，或分设库存现金出纳员和银行结算出纳员等。

二、出纳工作日程

出纳既是一项技术性工作，又是一项事务性工作。为将工作有条不紊地完成需要出纳人员制订一个有效的工作日程：

1.出纳员上班的第一件事是先检查保险柜里的现金、有价证券及其他贵重物品是否完好无损。

2.对一天的工作做出安排。必要时，向有关领导和会计主管请示资金安排计划。

3.如库存现金不足，先到银行提取现金。

4.按规定办理各项收、付款业务。

5.根据审核无误的收付款凭证或原始凭证登记现金日记账和银行存款日记账。

6.每天下班前，出纳人员要清点现金，将现金实有数与现金日记账进行核对。

7.每天下班前，出纳人员要整理办公用品，确保没有遗漏资料，检查抽屉和保险柜是否锁好。

8.在银行下班前送存超额现金。

9.因特殊情况造成当天工作未能完成，则第二日优先办理。

10.每月或定期对其保管的支票、发票、有价证券、重要结算凭证进行清点、核对。

11.根据单位需要定期核对日记账，报送出纳报表或报告。

三、出纳账务处理程序

无论企业会计采用的账务处理程序是记账凭证账务处理程序，还是科目汇总表账务处理程序或其他处理程序，对出纳人员来说，出纳业务处理的步骤和方法都是基本相同的。其基本程序如下图所示。

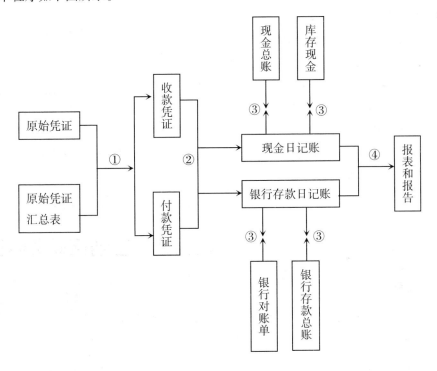

说明：

①根据原始凭证或原始凭证汇总表填制收款凭证、付款凭证。

②根据收款凭证、付款凭证逐笔登记现金日记账、银行存款日记账。

③现金日记账的余额每天与库存现金核对，定期与现金总账核对；银行存款日记账余额定期与银行存款总账核对，银行存款日记账与每月开户银行出具的银行存款对账单核对。

④根据日记账的记录、计算情况，按照本单位管理的要求定期或不定期地报送出纳核算信息。

四、出纳工作交接

出纳人员调动工作或者离职，必须与接管人员办清交接手续。办理交接手续时，由会计机构负责人（会计主管人员）监交。出纳交接一般分三个阶段进行。

（一）第一阶段：交接准备

准备工作包括以下几个方面：

1.将日记账登记完毕，结出余额，并在最后一笔余额后加盖出纳人员名章。

2.日记账与库存现金、银行存款总账核算相符，库存现金账面余额与实际库存现金核对一致，银行存款账面余额与银行对账单核对无误。

3.在日记账启用表上填写移交日期，并加盖名章。

4.整理应移交的各种资料，对未了事项和遗留问题要写出书面说明。

5.编制移交清册，填写移交的账簿、凭证、现金、有价证券、支票簿、文件资料、印鉴和其他物品的具体名称和数量。

（二）第二阶段：交接阶段

接管人员应认真按移交清册当面点收：

1.库存现金根据会计账簿余额进行当面点交。

2.有价证券的数量要与账簿记录一致。

3.日记账和其他会计资料必须完整无缺。

4.银行存款账户余额要与银行对账单核对一致，如有未达账项，应编制银行存款余额调节表调节相符。

5.接管人员按移交清册点收公章（主要包括财务专用章、法人名章）、收据、空白支票、发票和其他实物。

6.接管人员办理接收后，应在日记账启用表上填写接收时间，并签名盖章。

任务五　出纳核算资料的归档

【实训任务】

了解归档资料的范围，日常整理和保管出纳资料的要求。

【任务解析】

1.出纳归档资料的范围；

2.出纳归档资料的整理与保管。

【实训教学内容】

一、出纳归档资料的范围

出纳归档资料是指出纳记账的各种凭证、出纳账簿和出纳各种报表等核算资料。具体讲，出纳归档资料主要包括出纳记账所依据的各种原始凭证和记账凭证，库存现金日记账，银行存款日记账、有价证券等明细分类账，银行存款对账单，资金分析报告单，作为收付款依据的各种经济合同、文件，其他财务管理方面的重要凭据如支票申请单与支票领用登记簿等。

二、出纳归档资料的整理与保管

各单位出纳人员日常对上述各种资料必须进行科学的管理，做到保管妥善、存放有序、查找方便，要严格执行安全和保密制度，不能随意堆放，以免毁损、散失和泄密。年末将上述资料集中归入会计档案。

出纳在日常对原始资料、记账凭证、会计账簿等其他资料的保管中，不得将这些资料外借。如有特殊情况需外借，要由本单位领导批准，同时要填写会计档案调阅表，详细填写借阅人姓名和工作单位、调阅理由、归还日期、调阅批准人等。调阅人员一般不准将会计凭证携带外出。需复制的，要说明所复制的会计凭证名称、张数，经本单位领导同意后在本单位财会人员监督下进行，并登记与签字。

出纳如遇从外单位取得的原始凭证遗失，应取得原签发单位盖有公章的书面证明，并注明原来凭证的名称、号码和内容，由本单位负责批准后，方可代替原始凭证。如果确实无法取得证明的，如火车票、轮船票、飞机票等，应由当事人写出详细情况，由本单位负责人批准后，可以代替原始凭证。

任务六　人民币的防伪和保护

【实训任务】

通过学习掌握识别假币的常用方法，了解人民币的日常保护知识。

【任务解析】：

1.人民币的防伪；

2.人民币的保护。

【实训教学内容】

一、人民币的防伪

现在市场上发现的假钞大体可以分为两种类型，即伪造币和变造币。伪造币是依据真钞的用纸、图案、水印、安全线等的原样，运用各种手段模仿制造的假钞。变造币是利用各种方法对真钞进行加工处理，改变其原有的形态并使其升值的假钞，如涂改金额、挖补剪贴金额使其面额增大，剥离揭页使其一分为二等。

变造币只要留意检查很容易识别。伪造币的识别相对困难一些。出纳人员识别真假人民币通常可以采用以下方法：

（一）检查钞票纸

印制人民币的纸张是特制的纸张，一般叫作钞票纸。这种纸张质地好、挺括，表面光洁、细腻。出纳人员手持钞票凭空抖动，真的人民币能发出清脆的声音。如果纸的质地绵软，表面不光洁，能看出纸的纤维，抖动时会发出沉闷的声音，则是假钞。

（二）手摸盲文点

用手摸盲文点，如有凸出的感觉，并能辨认出盲文点的个数和排列形状与真币相符，则可能是真的，否则肯定是假的。

（三）观察安全线和手摸安全线

人民币的安全线呈黑色，扁平而窄，迎光透视就可看到钞票正面右侧或反面左侧的安全线。如果迎光透视看不见这样的安全线，则是假钞。安全线的另一个特点是可以用手摸到的。用手轻轻抚摸安全线的部位，有微凸的感觉才是真的，否则是假的。

（四）察看水印

在阳光或灯管下，钞票的水印可以显示出明暗错落、层次分明的图案、图形。而如果把钞票平放，不迎光透视，则一般看不出水印。

（五）手摸雕版凹印

用手触摸票面的雕版凹印部位的图案、图形，真币应该有凹的感觉，而假币则一般没有。

（六）察看图纹、图案

从图纹、图案上与真人民币进行比较，观察有无差异。

（七）笔试水印

将薄纸置于钞票的水印部位，用较软的铅笔在纸上相应部位轻轻摩擦，在薄纸上显现水印图像轮廓的才是真的。

（八）尺量钞票大小

人民币的每一种卷别都有固定的大小，用尺一量，不规范则必假无疑。

（九）使用验钞机

用机器检测，一般可与点钞相结合。机器查检钞票的荧光反应。人民币纸是无荧光反应的，但某些部位用的油墨有荧光反应。

二、人民币的保护

1.不准毁损人民币。

2.日常携带、保管和使用时爱惜人民币。

日常携带、保管和使用人民币时，要防止折叠、压挤、团揉。出纳人员不能为了自己清点方便，在人民币上画记号、写数字。出纳人员及时到银行兑换残币，不要用纸条或不干胶条等随意粘贴、拼凑残币。

项目二
出纳岗位实训操作

项目目标

理解出纳岗位实训模块的学习目的及要求，掌握出纳应具备的基本技能。

任务一　出纳岗位实训模块概述

【实训任务】

理解出纳岗位实训模块的学习目的及要求，体验出纳工作的实训环境，掌握出纳岗位实训的相关程序。

【任务解析】

1.出纳岗位实训模块的概念；

2.出纳岗位实训模块的目的及要求；

3.出纳岗位实训模块的内容及程序。

【实训教学内容】

一、出纳岗位实训模块的概念

出纳岗位实训模块是指在出纳岗位实训教学中，模拟一个企业真实的出纳岗位，从建账、取得原始凭证、编制记账凭证到登记账簿，都是以仿真的形式加以完成的操作模块，拟在培养学生对各种结算凭证、经济业务的识别判断，及运用相应的会计核算程序进行出纳业务处理的实际操作能力，发挥学生的主观能动性，提高学生的岗位职业能力。

二、出纳岗位实训模块的目的及要求

（一）目的

1.通过实训，了解并掌握出纳业务的基础理论，培养独立上岗工作的能力。

2.出纳工作所涉及的原始凭证较多，通过本次实训学生必须掌握标准规范、准确无误地填制和审核各种原始凭证，强化点钞能力，掌握数字大小写，粘贴票据、办理银行结算业务、缴纳各种税金、编制凭证、登记账簿、财产清查、编制出纳报告单、编制银行存款余额调节表等基本技能。

3.从实践出发，提高学生的学习兴趣，调动其学习积极性、主动性，从而形成真正的岗位职业能力，培养会计人员应具备的认真细致、兢兢业业、踏实肯干的工作作风。

（二）要求

1.明确出纳岗位实训模块的目的，严肃认真地进行操作。

2.在教师的指导下，规范操作。

3.出纳岗位实训模块模拟了一个月的资料，实训要求是：上半月熟悉原始凭证，熟悉出纳工作的内容及流程，并在教师的指导下完成工作；下半月独立填制各种原始凭证，独立完成各项出纳工作。

三、出纳岗位实训模块的内容及程序

1.建立账簿体系：建账。

2.经济业务的发生或完成：审核、填制原始凭证。

3.经济业务的整理分类：编制记账凭证。

4.经济业务的记录：登记账簿。

5.财产清查：清查库存现金、银行存款等。

6.检查修正：更正错误。

7.加总计算：结账。

8.提供信息：编制出纳报告单、编制银行存款余额调节表。

9.资料的整理、交接、归档。

任务二　出纳岗位应具备的基本技能

【实训任务】

通过学习，掌握原始凭证的审核、记账凭证的填制、支票的填写技能，熟知银行各类票据基本知识、办理流程等。

【任务解析】

1.会计凭证的书写要求；

2.原始凭证的审核与监督。

【实训教学内容】

一、会计凭证的书写要求

规范书写是出纳人员最基本的业务技能之一。出纳人员必须养成良好的书写习惯，做到书写的数字和文字规范、清晰、工整、不易混淆。

（一）文字的书写要求

出纳人员书写文字要力争做到字体规范，字迹清晰，排列整齐，书写流畅、美观；字形不要太大，也不宜过小，汉字大小高低尽量统一，字间距要适中。

（二）阿拉伯数字的书写要求

1.每个数字要大小匀称，笔画流畅，独立有形，不能连笔书写。

2.每个数字要紧贴底线书写，但上不可顶格，其高度占全格1/2的位置，要为更正错误数字留余地。除6、7、9外，其他数字高低要一致。书写数字"6"时，上端比其他数字高出1/4，书写数字"7"和"9"时，下端比其他数字伸出1/4。

3.每个数字排列有序并且数字要有60°的倾斜度，各数字的倾斜度要一致，一般要求向右倾斜。

4.数字书写错误的，应采用正确的方法更正，不能采用涂改刮擦、挖补等不正确的方法。

（三）货币金额大写的书写要求

1.中文大写金额数字应用正楷或行书填写，如壹、贰、叁、肆、伍、陆、柒、捌、玖、拾、佰、仟、万、亿、元、角、分、零、整（正）等字样。

2.中文大写金额数字到"元"为止的，在"元"之后应写"整"或"正"字，在"角"之后可以不写"整"（或"正"）字。大写金额数字有"分"的，"分"后面不写"整"（或"正"）字。

3.中文大写金额数字前应标明"人民币"字样，大写金额数字应紧接"人民币"字样填写，不得留有空白。大写金额数字前未印"人民币"字样的，应加填"人民币"三个字。

4.元位上必须写"元"。

5.中文大写应按照汉语语言规律书写。

6.阿拉伯数字中间有"0"时，中文大写金额中间应写"零"字，如￥1409.50，应写成人民币壹仟肆佰零玖元伍角。

7.阿拉伯数字金额万位或元位是"0"，或者数字中间连续有几个"0"，万位、元位也是"0"，但千位、角位不是"0"时，中文大写金额中可以只写一个"零"字，也可以不写"零"字，如￥1 680.32，应写成人民币壹仟陆佰捌拾元零叁角贰分，或者写成人民币壹仟陆佰捌拾元叁角贰分；又如￥107000.53，应写成人民币壹拾万柒仟元伍角叁分，或者写成人民币壹拾万零柒仟元伍角叁分。

8.阿拉伯数字金额角位是"0"，而分位不是"0"时，中文大写金额"元"后面应写"零"字。如￥325.04，应写成人民币叁佰贰拾伍元零肆分。

（四）票据出票日期中文大写要求

支票、银行汇票、商业汇票、银行本票等票据的出票日期必须使用大写。为防止变造票据的出票日期，填写年、月、日时最小位数为两位。具体地说，在填写月、日时，月为壹、贰和壹拾的，日为壹至玖和壹拾、贰拾、叁拾的，应在其前加"零"；日为拾壹至拾玖的，应在其前加"壹"。如10月20日，应写成零壹拾月零贰拾日；再如1月15日，应写成零壹月壹拾伍日。票据出票日期使用小写填写，银行不予受理。大写日期未按要求规范填写的，银行可予受理，但由此造成损失的，由出票人自行承担。

（五）支票的填写要求

填写支票必须使用碳素墨水或蓝黑墨水，按支票排列的号码顺序填写，书写要认真，不能潦草，也不能用纯蓝墨水。签发日期应填写实际出票日期，不得补填或预填日期。大小写金额必须按规定书写，如有错误，不得更改，须作废重填。用途栏应填写真实用途，签章不能缺漏，必须与银行预留印鉴相符。支票的日期必须大写，已签发的支票遗失，可以向银行申请挂失。

二、原始凭证的审核和监督

《会计法》规定，只有审核无误的、符合规定的原始凭证，才能据以办理款项的收付，才能据以编制记账凭证。出纳人员必须严格审核原始凭证，对内容不完整，手续不齐全，书写不规范、不清楚，计算不准确的原始凭证，应退还有关部门和人员。

（一）原始凭证应具备的内容（也称原始凭证要素）

1.原始凭证名称；

2.填制原始凭证的日期；

3.接受原始凭证单位名称；

4.经济业务内容（含数量、单价、金额等）；

5.填制单位签章；

6.有关人员签章；

7.凭证附件。

上述基本内容一般不得缺少，否则不能成为具有法律效力的原始凭证。有些原始凭证应具备特殊内容和要求，如使用增值税专用发票要按规定填写购销双方的纳税人识别号、地址、开户银行及账号。

（二）原始凭证审核的"八审八看"

1.审原始凭证所记货币收支业务，看是否真实、合规。

2.审"抬头"，看是否与本单位（或报账人）的名称相同。

3.审原始凭证的"财务签章"，看是否与原始凭证的填制单位名称相符。

4.审原始凭证联次，看联次是否恰当、正确。

5.审原始凭证金额，看金额是否计算正确。

6.审原始凭证大小写金额，看是否一致。

7.审原始凭证的票面，看是否有涂改、刮擦、挖补等现象。

8.审原始凭证内容是否完整、项目是否齐全，看有关人员的签字或盖章是否齐备。

（三）原始凭证的粘贴

原始凭证经必要的加工后再粘贴于特制的原始凭证粘贴单上。原始凭证粘贴单的外形尺寸应与记账凭证相同，纸上可先印一个合适的方框，各种不能直接装订的原始凭证，如汽车票、火车票、出租车票等，都应按类别整齐地粘贴于粘贴单的方框之内，不得超出。粘贴时应横向进行，从右至左，并应贴在原始凭证的左边，逐张左移，后一张右边压住前一张的左边，每张附件只贴左边的0.5～1 cm长，粘牢即可。粘好以后要捏住记账凭证的左上角向下抖几下，看是否有未粘住的。最后还要在粘贴单的空白处，分别写出每一类原始凭证的张数、单价与总金额。

任务三　出纳日常业务的核算

【实训任务】

熟练掌握库存现金规范收付和保管技能，掌握签发现金支票和转账支票的技能。

【任务解析】

1.日常收付现金；

2.送存现金；

3.现金支票和转账支票的规范填写。

【实训教学内容】

一、出纳员日常收付、管理库存现金注意事项

1.先收款后开收据。

2.现金收入都应开收款收据。

3.开户单位支付现金可以从本单位库存现金中支付，或者从开户银行提取，不得从本单位的现金收入直接支付，即"坐支"。

4.收付现金的每张单证要加盖"现金收讫""现金付讫"戳记。

5.不准"白条抵库"。

6.不准将单位收入的现金以个人名义存入储蓄。

7.不准保留账外公款（即小金库）。

二、库存现金的整理

1.清点库存现金。

2.填写现金交款单，字迹必须清楚、规范，不得涂改。

3.送存交款。

三、日记账的登记及库存现金、银行存款的清查

正确登记库存现金及银行存款日记账，应根据审核无误的收付款凭证及所附的原始凭证，序时逐日逐笔地登记日记账，每日结出日记账的收支及余额。每日库存现金日记账与库存现金实有数核对；定期对银行存款日记账与银行对账单进行核对，做到日清月结。

四、出纳业务原始凭证的审核

出纳人员根据原始凭证执行报销手续，对相关原始凭证要进行复核，坚持原则，对内容不真实、不完整、手续不齐全、书写不清楚、计算有差错的原始凭证按处理原始凭

证的要求和程序进行处理。

出纳人员在复核原始凭证时需要注意以下几个问题:

1.真实性复核;

2.完整性复核;

3.合法性复核。

五、现金支票和转账支票的规范填写

种　类	现金支票	转账支票
收款人填制	本单位提现填本单位全称,即填制收款人的名称时,必须是所加盖的财务专用章的单位名称。(注:支票背面须填写领款人的信息:领款人姓名,领款人身份证号码,领款人身份证的发证机关。背面也和正面一样加盖财务专用章和法人章。)领款人要出示身份证提取现金。	对方单位
用途填制	工资;备用金;差旅费;劳务费。	购货;支付费用
注意事项	1.转账支票的正面加盖签发单位财务专用章和法人章,支票的背面加盖收款单位财务专用章和法人章。 2.日期要大写。 3.一律不得涂改。	

项目三
实训案例企业经济业务

实训目标

通过训练识别出纳业务的相关凭证，提升会计工作能力。

任务　出纳技能训练

【实训任务】

全真训练会计经济业务，完成出纳业务的处理。

【任务解析】

1. 实训案例企业概况；

2. 出纳操作实务及相关资料；

3. 出纳岗位实训操作原始凭证。

【实训教学内容】

一、实训案例企业概况

包头华海家电有限公司是一家小型家电批发兼零售商业企业，经济性质为有限责任公司。该企业于2018年11月正式营业，现有职工106人，主要经营空调、电冰箱、彩电、洗衣机、微波炉等家用产品，年销售额在1200万元以上，为一般纳税人。该公司设有业务部、人力资源部、财务科、总务与后勤部等职能科室。

该公司下设五个营业部、一个销货收款结算中心，实行销货和货款的结算分管的收款方式。每日终了，由各营业部填制销货日报表，销货日报表一式三联，营业部留存一联，收款结算中心留存一联，财务科入账一联；收款结算中心填制一式两联的内部交款单，收款结算中心将内部交款单和销货日报表核对无误之后，连同有关凭证交出纳员，由出纳员统一核算。

二、出纳操作实务及相关资料

公司信息

单位名称：包头华海家电有限公司

开账银行：建设银行昆区支行桥西分理处

账号：15171848599596191

地址：包头昆区团结大街55号

电话：0472-5110767

纳税人识别号：150202114418245

（业务一）11月3日，收到投资人郭峻投入的固定资产等实物资产815000元，收到投资人葛宁投入的库存商品32900元，收到包头市中达科技有限公司投入资金3000000元，收到包头万达有限公司投入资金2000000元，存入银行。（原始凭证见1-3-1—1-3-10）

（业务二）11月3日，从银行购买支票。（原始凭证见1-3-11、1-3-12）

（业务三）11月4日，以转账支票支付公司验资费5000元。（原始凭证见1-3-13、1-3-14）

（业务四）11月6日，开出现金支票，提取现金备用50000元。

（业务五）11月7日，向银行取得借款5000000元。（原始凭证见1-3-15）

（业务六）11月10日，购置办公用品，其中以转账支票支付5850元，以现金支付1200元。（原始凭证见1-3-16；1-3-17、1-3-18）

（业务七）11月11日，总务科借定额备用金2000元。（原始凭证见1-3-19）

（业务八）11月12日，人力资源部高华报销办公用品费304.2元，根据实际使用金额予以报销。（原始凭证见1-3-20）

（业务九）11月13日，开出现金支票并提现，支付业务部何静预借差旅费10000元。（原始凭证见1-3-21）

（业务十）11月13日，办公室支付快递费用137.8元，现金支付。（原始凭证见1-3-22）

（业务十一）11月14日，购置台式电脑6台，用于办公，以汇兑方式结算。（原始凭证见1-3-23—1-3-26）

（业务十二）11月15日，购进电冰箱100台，单价3299元，运费销方已代垫。（原始凭证见1-3-27—1-3-31）

（业务十三）11月15日，支付管理部门桑塔纳轿车保险费用2867元，销售部东风汽车保险费用5733元，支票支付；支付意外伤害险各500元，现金支付。（原始凭证见1-3-32—1-3-35）

（业务十四）11月16日，销售部上官云婕报销市内差旅费254.4元，现金支付。（原始凭证见1-3-36、1-3-37）

（业务十五）11月16日，购进彩电120台，单价5635元，款项未付。（原始凭证见1-3-38—1-3-41）

（业务十六）11月17日，购进洗衣机80台，单价900元。采用托收承付结算方式。（原始凭证见1-3-42—1-3-44）

（业务十七）11月18日，购进电磁炉150台，单价699元，运费销方已代垫。采用委

托收款的方式结算。（原始凭证见1-3-45—1-3-49）

（业务十八）11月19日，销售家电产品一批，收到转账支票，价税合计826277.40元。（原始凭证见1-3-50—1-3-53）

（业务十九）11月20日，开出现金支票提取现金，支付财务科姜虹预借差旅费3000元。（原始凭证见1-3-54）

（业务二十）11月21日，办妥银行汇票一张，采购员赴广州采购。（原始凭证见1-3-55）

（业务二十一）11月22日，销售家电一批，收到银行汇票一张。（原始凭证见1-3-56—1-3-60）

（业务二十二）11月23日，何静报销差旅费7648元，交回现金2352元。（原始凭证见1-3-61—1-3-63）

（业务二十三）11月23日，姜虹报销差旅费3700元，出纳补付现金700元。（原始凭证见1-3-64—1-3-66）

（业务二十四）11月24日，按照供销合同，预收土右国美电器货款40000元，收到汇兑凭证。（原始凭证见1-3-67）

（业务二十五）11月24日，销售家电一批，款项未收，办妥委托收款。（原始凭证见1-3-68—1-3-70）

（业务二十六）11月25日，支付电费、水费、电话费，其中电费委托收款，水费、电话费转账支票支付。（原始凭证见1-3-71、—1-3-77）

（业务二十七）11月25日，开出现金支票，提取现金5000元备用。

（业务二十八）11月26日，总务科报销办公用品费702元。（原始凭证见1-3-78、1-3-79）

（业务二十九）11月26日，预付下一年度家电商品财产保险费3816元，转账支票支付。（原始凭证见1-3-80；1-3-81）

（业务三十）11月26日，支付广告费3180元，转账支票支付。（原始凭证见1-3-82、1-3-83）

（业务三十一）11月27日，支付汽油费374.4元。（原始凭证见1-3-84、1-3-85）

（业务三十二）11月27日，现金支付汽车维修费1200元，现金支付业务招待费1300元。（原始凭证见1-3-86；1-3-87）

（业务三十三）11月28日，收回前欠货款。（原始凭证见1-3-88）

（业务三十四）11月29日，以汇兑方式支付长虹电子公司货款676200元。（原始凭证见1-3-89）

（业务三十五）11月29日，支付搬运商品劳务费1060元，现金支付。（原始凭证见1-3-90、1-3-91）

（业务三十六）11月30日，收回总务科备用金1000元。（原始凭证见1-3-92）

（业务三十七）11月30日，根据工资发放表，发放工资135955.79元。（原始凭证见1-3-93、1-3-94）

（业务三十八）11月30日，盘点现金，盘亏现金。（原始凭证见1-3-95）

（业务三十九）11月30日，存现2000元。（原始凭证见1-3-96、1-3-97）

要求：

1.根据以上业务编制会计凭证。

2.登记现金日记账和银行存款日记账、总账，期末与总账余额核对。

3.编制出纳报告单，见表1-1。

4.编制银行存款余额调节表，见表1-2（银行对账单见表1-3）。

表1-1

库存现金银行存款出纳报告单

自　　　年　月　日至　　　年　月　日

项目	库存现金										银行存款										备注
	亿	千	百	十	万	千	百	十	元	角	分	亿	千	百	十	万	千	百	十	元	角	分	
上期结存																							
本期收入																							
合计																							
本期支出																							
本期结存																							

表1-2

银行存款金额调节表

年　　月　　日

项目	金额	项目	金额
银行存款日记账余额		银行对账单余额	
加:银行已入账,企业未入账的收入款项		加:企业已入账,银行未入账的收入款项	
减:银行已入账,企业未入账的付出款项		减:企业已入账,银行未入账的付出款项	
调节后的存款余额		调节后的存款余额	

表1-3

中国建设银行对账单					
日期	摘要（方式）	结算凭证号数	收入	支出	余额
11月3日	收款（转账）	略	3000000.00		3000000.00
	收款（转账）		2000000.00		5000000.00
	支付（划转）			80.00	4999920.00
11月4日	支付（转账）			5000.00	4994920.00
11月6日	支付（现支）			50000.00	4944920.00
11月7日	收款（转账）		5000000.00		9944920.00
11月10日	支付（转账）			5850.00	9939070.00
11月13日	支付（现支）			10000.00	9929070.00
11月14日	付款（汇兑）			45630.00	9883440.00
	划转			50.00	9883390.00
11月15日	付款（转支）			386649.00	9496741.00
	付款（转账）			9116.00	9487625.00
11月17日	付款（托收）			84240.00	9403385.00
11月18日	付款（委托收款）			124395.00	9278990.00
11月19日	收款（转账）	略	826277.40		10105267.40
11月20日	支出（现支）			3000.00	10102267.40
11月21日	支出（银行汇票）			120000.00	9982267.40
11月22日	收款（银行汇票）		190252.53		10172519.93
11月24日	收款（汇兑）		40000.00		10212519.93
11月25日	付款（划转）			8424.00	10204095.93
	付款（转支）			2473.08	10201622.85
	付款（转支）			5514.48	10196108.37
	付款（现支）			5000.00	10191108.37
11月29日	付款（汇兑）			676200.00	9514908.37
11月30日	工资（现支）			135955.79	9378952.58
11月30日	收款（存现）		20000.00		9398952.58
11月30日	收款（委托收款）		30000.00		9428952.58
11月30日	付款（托收）	略		4560.00	9424392.58
主管：				核对：	

三、出纳岗位实训原始凭证

（业务一）

1-3-1

银行进账单（收账通知）　3

年 11月 3日

出票人	全　称	包头市万达有限公司
	账　号	2206809588236110389
	开户银行	中国银行包头分行林荫路支行
金额	人民币（小写）	亿 千 百 十 万 千 百 十 元 角 分　¥ 2 0 0 0 0 0 0 0 0
收款人	全　称	包头华海家电有限公司
	账　号	15171848599596191
	开户银行	建行昆区支行桥西分理处
票据种类	支票	票据张数　1张
票据号码	68798230	

2018.11.03

收款人开户银行签章

此联是收款人开户银行交给收款人的收款通知书

1-3-2

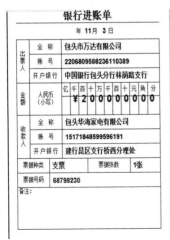

银行进账单

年 11月 3日

出票人	全　称	包头市万达有限公司
	账　号	2206809588236110389
	开户银行	中国银行包头分行林荫路支行
金额	人民币（小写）	亿 千 百 十 万 千 百 十 元 角 分　¥ 2 0 0 0 0 0 0 0 0
收款人	全　称	包头华海家电有限公司
	账　号	15171848599596191
	开户银行	建行昆区支行桥西分理处
票据种类	支票	票据张数　1张
票据号码	68798230	
备注：		

银行进账单　　　（回单）　1　Ⅶ Ⅰ 36985274

年 11月 3日

出票人	全　称	包头市万达有限公司	收款人	全　称	包头华海家电有限公司
	账　号	2206809588236110389		账　号	15171848599596191
	开户银行	中国银行包头分行林荫路支行		开户银行	建行昆区支行桥西分理处
金额	人民币（大写）　　贰佰万元整			亿 千 百 十 万 千 百 十 元 角 分　¥ 2 0 0 0 0 0 0 0 0	
票据种类	支票	票据张数	1张		
票据号码	68798230				
	复核		记账		

2018.11.03

此联是开户银行交给持（出）票人的回单

1-3-3

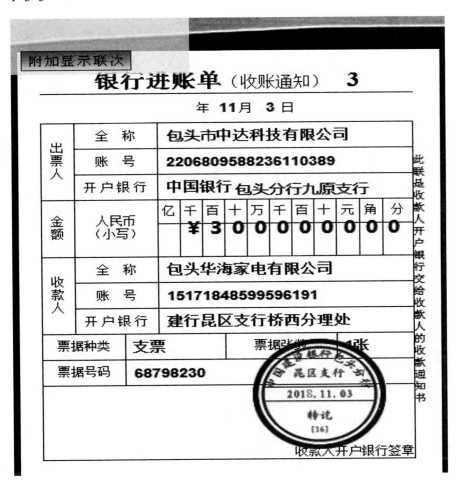

1-3-4

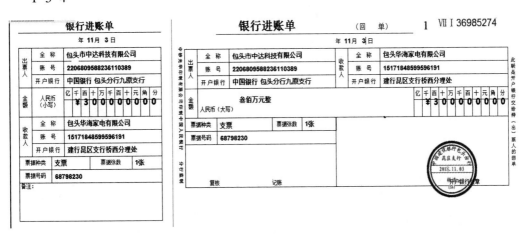

1-3-5

投资入股协议书

甲方：包头市万达有限公司　　　　　协议编号：XY201612

乙方：包头华海家电有限公司

为保护甲乙双方的合法权益，甲乙双方根据《中华人民共和国合同法》的有关规定，经友好协商一致同意签订此协议书。

第一条：经双方协议确定甲方投入资金2 000 000元。

第二条：乙方收到甲方交纳的款项后，按照规定向甲方出具相关凭证，并将甲方列入股东名册内。新增股东在名册登记后即视为公司股东，享有公司章程中股东的所有权利及承担股东义务。

第三条：甲方按照条例取得股东资格后，乙方应及时到工商管理部门办理股东变更手续。

第四条：甲方如发现乙方财务状况的可疑之处，有权查阅乙方的财务资料。

第五条：本协议一式两份，由甲乙双方各执一份，协议自授权代表签名盖章之日生效。

第六条：本协议具体相关事宜，由甲乙双方协商签订补充协议，补充协议与本协议具有同等的法律效力。

第七条：本协议受中国法律管辖，有关本协议的成立性、有效性解析和履行产生的争议的解决适用中华人民共和国的相关法律。

甲方：包头市万达有限公式　　　　**乙方**：包头华海家电有限公司

代表签字：李嘉　　　　　　　　　**代表签字**：

日期：　　年11月03日　　　　　**日期**：　　年11月03日

1-3-6

投资入股协议书

甲方：包头市 中达科技有限公司　　　协议编号：XY20

乙方：包头华海家电有限公司

为保护甲乙双方的合法权益，甲乙双方根据《中华人民共和国合同法》的有关规定，经友好协商一致同意签订此协议书。

第一条：经双方协议确定甲方投入资金3 000 000元。

第二条：乙方收到甲方交纳的款项后，按照规定向甲方出具相关凭证，并将甲方列入股东名册内。新增股东在名册登记后即视为公司股东，享有公司章程中股东的所有权利及承担股东义务。

第三条：甲方按照条例取得股东资格后，乙方应及时到工商管理部门办理股东变更手续。

第四条：甲方如发现乙方财务状况的可疑之处，有权查阅乙方的财务资料。

第五条：本协议一式两份，由甲乙双方各执一份，协议自授权代表签名盖章之日生效。

第六条：本协议具体相关事宜，由甲乙双方协商签订补充协议，补充协议与本协议具有同等的法律效力。

第七条：本协议受中国法律管辖，有关本协议的成立性、有效性解析和履行产生的争议的解决适用中华人民共和国的相关法律。

甲方：包头市 中达科技有限公司　　　**乙方**：包头华海家电有限公司

代表签字：王国彬　　　　　　　　　**代表签字**：

日期：　　年11月03日　　　　　**日期**：　　年11月03日

1-3-7

投资入股协议书

甲方：葛宁　　　　　　　　　　协议编号：XY2016120101

乙方：包头华海家电有限公司

为保护甲乙双方的合法权益，甲乙双方根据《中华人民共和国合同法》的有关规定，经友好协商一致同意签订此协议书。

第一条：　经双方协议确定甲方以库存商品（市场不含税公允价值 ～329～ 00.00元）

第二条：　乙方收到甲方交纳的款项及资产后，按照规定向甲方出具相关凭证，并将甲方列入股东名册内。新增股东在名册登记后即视为公司股东，享有公司章程中股东的所有权利及承担股东义务。

第三条：　甲方按照条例取得股东资格后，乙方应及时到工商管理部门办理股东变更手续。

第四条：　甲方如发现乙方财务状况的可疑之处，有权查阅乙方的财务资料。

第五条：　本协议一式两份，由甲乙双方各执一份，协议自授权代表签名盖章之日生效。

第六条：　本协议具体相关事宜，由甲乙双方协商签订补充协议，补充协议与本协议具有同等的法律效力。

第七条：　本协议受中国法律管辖，有关本协议的成立性、有效性解析和履行产生的争议的解决适用中华人民共和国的相关法律。

甲方：葛宁　　　　　　　　　　　　　乙方：包头华海家电有限公司

代表签字：葛宁　　　　　　　　　　　代表签字：薄儒

日期：　　年11月03日　　　　　　　　日期：　　年11月03日

1-3-8

库存商品 入库单

11月15日　　　　　　　　　　　　　编号 12300 2

产品名称	型号规格	数量	单位	检验结果		实收数量	金额
				合格	不合格		
库存商品（电冰箱）		100	台	100		100	32900.00

第三联：交财务部门

验收人：张唯　　　　　　　　　　仓库：张唯

1-3-9

投资入股协议书

甲方：郭峻　　　　　　　　协议编号：XY2016120101

乙方：包头华海家电有限公司

为保护甲乙双方的合法权益，甲乙双方根据《中华人民共和国合同法》的有关规定，经友好协商一致同意签订此协议书。

第一条：经双方协议确定甲方以库房（市场不含税公允价值 **815000.00**元）

第二条：乙方收到甲方交纳的款项及资产后，按照规定向甲方出具相关凭证，并将甲方列入股东名册内。新增股东在名册登记后即视为公司股东，享有公司章程中股东的所有权利及承担股东义务。

第三条：甲方按照条例取得股东资格后，乙方应及时到工商管理部门办理股东变更手续。

第四条：甲方如发现乙方财务状况的可疑之处，有权查阅乙方的财务资料。

第五条：本协议一式两份，由甲乙双方各执一份，协议自授权代表签名盖章之日生效。

第六条：本协议具体相关事宜，由甲乙双方协商签订补充协议，补充协议与本协议具有同等的法律效力。

第七条：本协议受中国法律管辖，有关本协议的成立性、有效性解析和履行产生的争议的解决适用中华人民共和国的相关法律。

甲方：郭峻　　　　　　　　　　　**乙方：**包头华海家电有限公司

代表签字：郭峻　　　　　　　　　**代表签字：**薄儒

日期：　　年11月03日　　　　　　**日期：**　　年11月03日

1-3-10

固定资产入库单

年 11 月 03 日　　　　　凭证编号：20161225001

固定资产名称及编号	规格型号	单位	数量	预计使用年限	已使用年限	原始价值	已提折旧	评估价
固定资产（库房）		个	1	30		815000.00		815000.00

固定资产状况	全新							

何时购入	进入方式	入账价值	固定资产管理部门	会计主管
年11月03日	投资者投入	815000.00	李武平	束妍

第二联　交财务部门

（业务二）

1-3-11

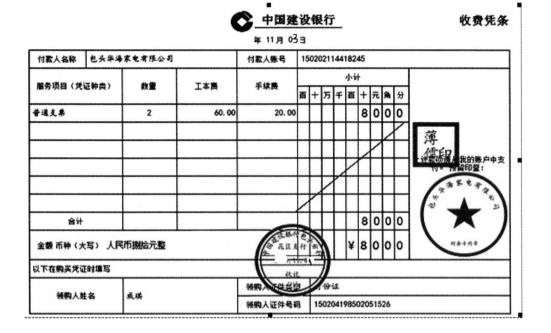

1-3-12

（业务三）

1-3-13

1-3-14

（业务四）见出纳岗位实训操作空白支票

（业务五）

1-3-15

中国建设银行　借款凭证（回单）

转账日期　年 11 月 07 日

| 借款单位名称 | 包头华海家电有限公司 | 纳税人识别号 | 150202114418245 |
| 放款账号 | 8350000100199057824 | 往来账号 | 8350000100199057824 |

借款金额　人民币（大写）伍佰万元整　￥5 0 0 0 0 0 0 0 0

用途　专项借款　利率 9%

单位提出期限　自 2018 年 11 月 07 日起至 2019 年 11 月 07 日止

银行核定期限　自 2018 年 11 月 07 日起至 2019 年 11 月 07 日止

上列款项已收入你方单位往来户内
此致
单位（银行盖章）

单位会计人员：杨建明

第一联　回单联

| 分次偿还记录 | 日期 | 偿还金额 | 未还金额 | | 分次偿还计划 | 日期 | 金额 |

2016.11.07

（业务六）

1-3-16

内蒙古增值税普通发票　No 07337149

4400164620

校验码 54846 31614 31413 24846

开票日期：年11月10日

购买方	名称：包头华海家电有限公司
	纳税人识别号：150202114418245
	地址、电话：包头昆区团结大街55号（0472-5110767）
	开户行及账号：建行昆区支行桥西分理处15171848599596191

密码区：
0684*8582/5889-85686>541202
16480+6565685/656-8425*1898
5956/5688-585666*1959+48263
858645*8158>5459/4894-49465

货物或应税劳务、服务名称	规格型号	单位	数量	单价	金额	税率	税额
办公用品（详见明细表）		件	1	1025.64	1025.64	17%	174.36
合计					1025.64		174.36

价税合计（大写）⊗ 壹仟贰佰圆整　（小写）￥1200.00

第二联：发票联　购买方记账凭证

销售方	名称：包头市宏昌办公用品有限公司
	纳税人识别号：91440300648451 3811
	地址、电话：包头市蓝天路23号0472-8542333
	开户行及账号：中国工商银行蓝天支行6230210236500021253

收款人：任肖云　复核：黄崇光　开票人：车婷娟　销售方98320109 83201
发票专用章

1-3-17

1-3-18

（业务七）

1-3-19

借 款 单

第　　号

年 11 月 11 日

借款单位：总务科		
借款理由：备用金		
借款金额：人民币（大写）贰仟元整　　　　　　￥2000.00		
本单位负责人意见：同意　　　　　　　　　　　借款人（签章）：于雅雯		
单位领导批示：薄儒	会计主管复核：束妍	

（业务八）

1-3-20

（业务九）

1-3-21

出差借款单

申请部门：业务部   年 11月 13日

附单据 张

借支人	何静	电话	13974482862	员工号		国内（√）国外（ ）
出差地点	北京			起止日期	2018-11-14至2018-11-18	
出差事由	业务洽谈					
会议食宿费及差旅费负担情况	现金付讫					
预借金额	（大写）人民币壹万元整			￥：10000.00		
	部门领导： 李艳梅			借支人： 何静		

第一联 记账联

财务部领导：崔若   会计：束妍   出纳：成瑛

（业务十）

1-3-22

（业务十一）

1-3-23

1-3-24

1-3-25

 中国建设银行　内蒙古 分行营业部　　　**资金汇划（贷方）补充凭证**

No. 45456564

行　　　名:中国建设银行包头支行桥西分理处　　　收报日期:20181114

业务种类:划付　　　　　　　　　　　　　　　　发报日期:20181114

收款人账号:6604356841483657452　　　　　　　付款人账号:15171848599596191

收款人户名:广州市海欣有限公司　　　　　　　　收报流水号:1231325465

付款人户名:包头华海家电有限公司　　　　　　　收报行行号:5454555008

大写金额:人民币肆万伍仟陆佰叁拾元整　　　　　延时付款指令:1207

小写金额:45630.00　　　　　　　　　　　　　　用途附言:货款

发报流水号:4565123

发报行行号:102581006005

发报行行名:中国建设银行包支行

当日汇率:

打印日期:20181114

收电:陈晓军　　　　记账:　　　　　　　　　　　复核:柳威明

1-3-26

 中国建设银行

交易日期:　　-11-14　　交易流水:6414896522　　　交易代码:66032　　　**凭证**

柜员号:256892　　　　　网点号:369845

户名:包头华海家电有限公司

账号:15171848599596191

开户银行:建行昆区支行桥西分理处

业务类型:购买凭证

交易方式:柜台交易　　　　　　　交易币类:人民币

交易金额(大写):伍拾元整

交易金额(小写):50.00

备注:手续费

本凭证共1页一式两联　　打印日期:　-11-14

共1笔,第1页,共1页

（业务十二）

1-3-27

1-3-28

1-3-29

1-3-30

1-3-31

库存商品 **入库单**

年 11 月 15 日   编号 12300 **2**

产品名称	型号规格	数量	单位	检验结果		实收数量	金 额
				合格	不合格		
库存商品（电冰箱）		100	台	100		100	32900.00

验收人：张唯   仓库：张唯

第三联：交财务部门

（业务十三）

1-3-32

内蒙古增值税专用发票

4400164130   No 09522230

开票日期：年11月15日

校验码 65263 49461 79496 41685

购买方
名 称：广东华峰酒业股份有限公司
纳税人识别号：914401008651674811
地址、电话：广州市海珠区新港西路1088号020-88888888
开户行及账号：中国银行海珠支行8350000100199057824

密码区
21/7846418464+89464*6542124
66*86841/65461+8516<5978512
02315/16358+2680*3369>70650
28+559545/4946<54699>874-87

货物或应税劳务、服务名称	规格型号	单位	数量	单价	金 额	税率	税 额
轿车保险（轿车、运输车）		月	12	8600.00	8600.00	6%	516.00
合 计					¥8600.00		¥516.00

价税合计（大写） ⊗ 玖仟壹佰壹拾陆圆整   （小写）¥9116.00

销售方
名 称：包头市平安保险公司
纳税人识别号：150204010951266429
地址、电话：包头市昆区林荫路02号0472-8426200
开户行及账号：中国银行包头支行6252454145554752252

备注

收款人：张军   复核：刘宇   开票人：李晨

第二联：抵扣联 购买方扣税凭证

1-3-33

1-3-34

1-3-35

（业务十四）

1-3-36

现金支出报销单

申请部门：销售部门　　　　　　年 11 月 16 日　　　　　　附单据　1　张

经手人	上官云婕	电话	13788269985	领款方式	现金（√）工行卡（　）
				卡号	
款项用途	市内差旅费			支出性质	现金付讫
报销金额	（大写）人民币贰佰肆拾元整			¥：240.00	
预借备用金 ¥：0.00		退还金额 ¥：0.00		补领金额 ¥：240.40	

财务部领导：束妍　　　部门领导：匡丽　　　出纳：戚瑛　　　领款人：上官云婕

1-3-37

（业务十五）

1-3-38

1-3-39

1-3-40

1-3-41

（业务十六）

1-3-42

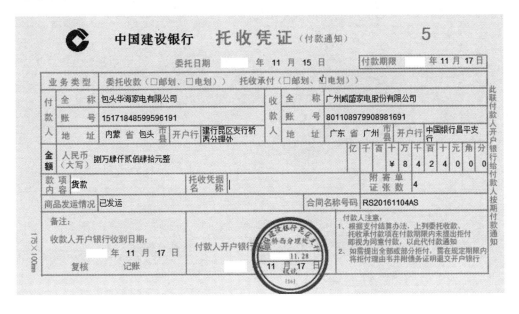

1-3-43

1-3-44

（业务十七）

1-3-45

1-3-46

1-3-47

1-3-48

1-3-49

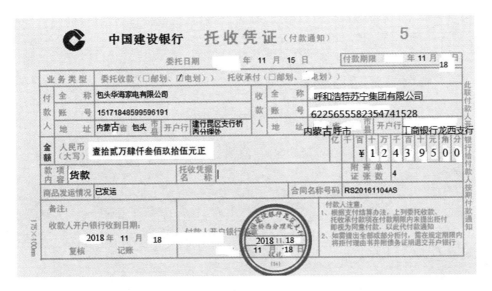

（业务十八）

1-3-50

销 货 日 报 表

营业部：营业二部　　　　　　年 11 月 19 日　　　　金额单位：元

品名及规格	计量单位	数量	单价	金额			本月销售累计
				合计	现销	赊销	
海尔电冰箱	台	50	5264.00		263200.00		
方太电磁炉	台	80	999.00		79920.00		
长虹彩电	台	55	5700.00		313500.00		（略）
海尔洗衣机	台	16	3100.00		49600.00		
合计					706220.00		

销售合计（大写）：	柒拾万陆仟 贰佰 贰 拾 玖 元 零 角零分	￥：706220.00
税金合计（大写）：	零拾 贰万零 仟 零佰 伍 拾 叁柒元 肆角零分	￥：120057.40
金额合计（大写）：	壹捌拾 玖贰万 陆仟 贰 佰 柒 拾 柒元 肆角 零分	￥：826277.40

部门经理：官雪　　　　　　　审核：辛昱　　　　　　　填表：志宇

1-3-51

内蒙古增值税专用发票　№ 30201566

4400164130
发票监制章的省市设置
此联不作退税、抵扣凭证使用
内蒙古

校验码 53195 84156 29656 96599

开票日期：年11月19日

购买方		
名　称：	包头市华光家电有限公司	
纳税人识别号：	1514401001254830218	
地址、电话：	包头市九原区458号 0472-5480608	
开户行及账号：	中国工商银行九原支行 6600400102002863697	

密码区：
21595/595895+98166>69877410
65+2695485/586468>947+68411
99809<605425948+0395/512024
8544943+11921310>2564-58451

货物或应税劳务、服务名称	规格型号	单位	数量	单价	金额	税率	税额
海尔电冰箱		台	50	5264.00	263200.00	17%	44744.00
方太电磁炉		台	80	999.00	79920.00	17%	13586.4
长虹彩电		台	55	5700.00	313500.00	17%	53295.00
海尔洗衣机		台	16	3100.00	49600.00	17%	8432.00
合　计					¥706220.00		¥120057.40

价税合计（大写）　⊗ 捌拾贰万陆仟贰佰柒拾柒圆肆角整　（小写）826277.40

销售方		
名　称：	包头华海家电有限公司	
纳税人识别号：	150202114418245	
地址、电话：	包头昆区团结大街55号（0472-5110767）	
开户行及账号：	建行昆区支行桥西分理处 15171848599596191	

备注

收款人：顾天成　　复核：陈冬梅　　开票人：李丽坤

第一联：记账联　销售方记账凭证

1-3-52

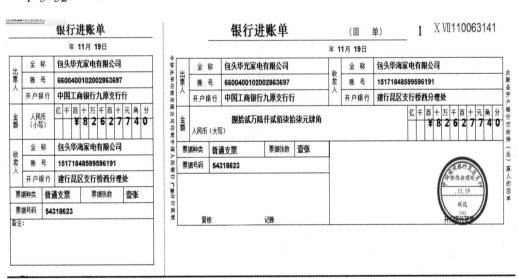

银行进账单				银行进账单		（回 单）	1 X Ⅷ110063141	

年11月19日　　　　　年11月19日

（左联）银行进账单　年11月19日

出票人	全　称	包头华光家电有限公司
	账　号	6600400102002863697
	开户银行	中国工商银行九原支行

金额	人民币（小写）	亿千百十万千百十元角分　¥ 8 2 6 2 7 7 4 0

收款人	全　称	包头华海家电有限公司
	账　号	15171848599596191
	开户银行	建行昆区支行桥西分理处

票据种类	普通支票	票据张数	壹张
票据号码	54318623		

备注：

（右联）银行进账单（回单）　年11月19日

出票人	全　称	包头华光家电有限公司	收款人	全　称	包头华海家电有限公司
	账　号	6600400102002863697		账　号	15171848599596191
	开户银行	中国工商银行九原支行		开户银行	建行昆区支行桥西分理处

金额	人民币（大写）	捌拾贰万陆仟贰佰柒拾柒元肆角	亿千百十万千百十元角分　¥ 8 2 6 2 7 7 4 0

票据种类	普通支票	票据张数	壹张
票据号码	54318623		

.11.19 收讫

复核　　　记账

此联是开户银行交给持（出）票人的回单

1-3-53

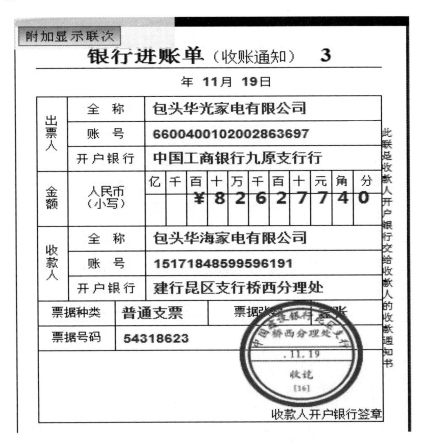

（业务十九）

1-3-54

出差借款单

申请部门：董事会 　　　　　年 11月 20日

附单据　　张

借支人	姜红	电话	13697854125	员工号		国内（√）国外（ ）	
出差地点	武汉			起止日期	-11-21至　-11-23		
出差事由	开会						
会议食宿费及差旅费负担情况	现金付讫						
预借金额	（大写）人民币叁仟元整			¥ 3000.00			
	部门领导：李成平			借支人：姜红			

财务部领导：薄儒　会计：束妍　　　出纳：邓小星

（业务二十）

1-3-55

（业务二十一）

1-3-56

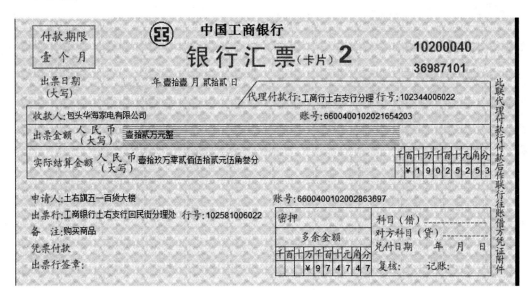

1-3-57

1-3-58

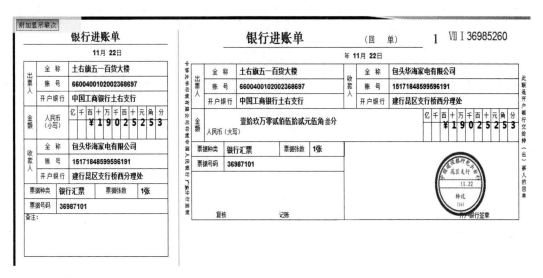

1-3-59

银行进账单（收账通知）　3

11月　22日

出票人	全　称	土右旗五一百货大楼
	账　号	6600400102002368697
	开户银行	中国工商银行土右支行

金额	人民币（小写）	亿 千 百 十 万 千 百 十 元 角 分
		￥1 9 0 2 5 2 5 3

收款人	全　称	包头华海家电有限公司
	账　号	15171848599596191
	开户银行	建行昆区支行桥西分理处

票据种类	银行汇票		1张
票据号码	3698710		

2016.11.22

收款人开户银行签章

此联是收款人开户银行交给收款人的收款通知书

1-3-60

销　货　日　报　表

营业部：营业一部　　　　　年　11月　22日　　　　　金额单位：元

品名及规格	计量单位	数量	单价	金额			本月销售累计
				合计	现销	赊销	
海尔电冰箱	台	15	5264.00		78960.00		
美的电磁炉	台	18	761.00		13698.00		
TCL 彩电	台	12	5278.00		63336.00		（略）
海尔洗衣机	台	15	441.00		6615.00		
合计					162609.00		
销售合计（大写）：	壹拾陆万贰仟陆佰零拾玖元零角零分						￥162609.00
税金合计（大写）：	零拾贰万柒仟陆佰肆拾叁元伍角叁分						￥27643.53
金额合计（大写）：	壹拾玖万零仟贰佰伍拾贰元伍角叁分						￥190252.53
部门经理：官雪		审核：辛昱			填表：志宇		

（业务二十二）

1-3-61

差旅费报销单

部门：业务部　　　　　　报销日期：　　年 11 月 20 日　　　　　编号：20161212001

出差人	何静					出差事由	培训					项目名称	会议			
出发				到达				交通			出差补助		其他费用			
月	日	时	地点	月	日	时	地点	人数	工具	金额	天数	补助标准	金额	住宿费用	市内交通	餐饮费		合计
11	13	10:00	包头	11	13	12:00	北京	1	飞机	1500.00	6	100元/天	600.00	2000.00	548.00	1500.00		6148.00
11	18	10:00	北京	11	18	12:00	包头	1	飞机	1500.00								1500.00

合计　　　　　3000.00　　——　　　600.00　2000.00　548.00　1500.00　　　7648.00

报销总额	人民币(大写) 柒仟陆佰肆拾捌元整	¥7648.00	预借金额 ¥10000.00
			退√/补 金额 ¥2352.00

附单据张数合计(对应上方的项目)	城际交通：2	其他：6

领导批示 蒲俊　　部门主管　　　财务主管 蒲荣　　会计 陈刚　　出纳 成琪　　领款人 杨飞燕

1-3-62

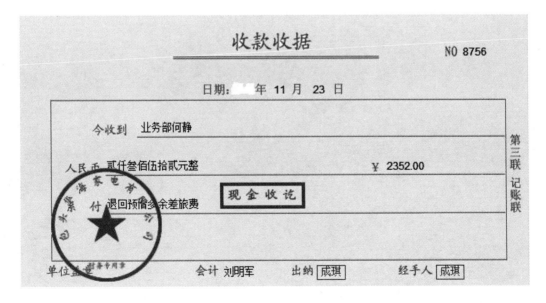

收款收据

NO 8756

日期：　　　年 11 月 23 日

今收到　业务部何静

人民币 贰仟叁佰伍拾贰元整　　　　　　　　　¥ 2352.00

退回预借多余差旅费　　　（现金收讫）

单位盖章　　　　会计 刘明军　　出纳 成琪　　经手人 成琪

第三联 记账联

1-3-63

收款收据

NO 8756

第三联 记账联

日期：　　年 11 月 23 日

今收到　业务部何静

人民币 柒仟陆佰肆拾捌元整　　　　　　￥ 7648.00

系暂付 差旅费

单位盖章　　财务专用章　　会计 束妍　　出纳 成琪吾　　经手人 成琪

（业务二十三）

1-3-64

差旅费报销单

部门：董事会　　　　报销日期：　　年 11 月 23 日　　　　编号：20161212001

出差人			姜红	出差事由	开会					项目名称	开会			
出发				到达				交通		出差补助		其他费用		
月	日	时	地点	月	日	时	地点	人数	工具	金额	天数	补助标准	金额	住宿费用	市内交通	餐饮费		合计

月	日	时	地点	月	日	时	地点	人数	工具	金额	天数	补助标准	金额	住宿费用	市内交通	餐饮费	合计
11	20	09:00	包头	12	7	12:00	武汉	1	飞机	1200.00	4	100元庆	400.00	1000.00			2600.00
11	23	09:00	武汉	12	12	12:00	广包头	1	飞机	1100.00							
			合计							2300.00	--		400.00	1000.00			3700.00

报销总额	人民币(大写) 叁仟柒佰元整	￥ 3700.00	预借金额 ￥3000.00
			退□/补☑金额 ￥700.00

附单据张数合计(对应上方的项目)	城际交通	2	其他:	6

领导批示 圆威　　部门主管 薄德　　财务主管 陈建明　　会计 束妍　　出纳 郦小弓　　领款人 姜红

1-3-65

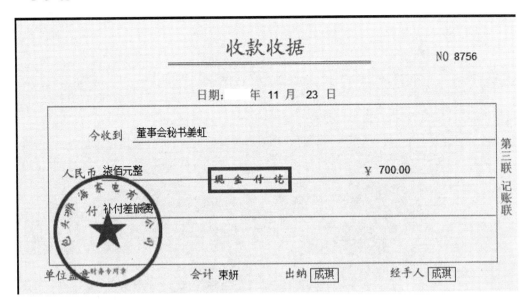

1-3-66

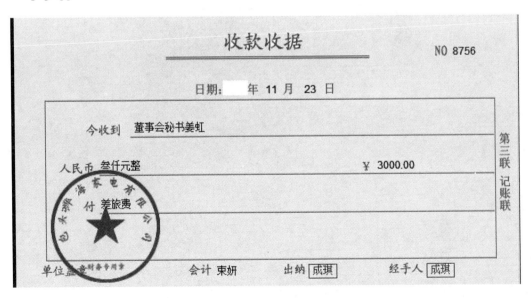

（业务二十四）

1-3-67

中国建设银行　电汇凭证（收账通知）　**4**　简称A

√普通 □加急		委托时间　　年 11 月 24 日			
汇款人	全称	包头土右国美电器有限公司	收款人	全称	包头华海家电有限公司
	账号	6600010242001001001		账号	150202114418245
	汇出地点	内蒙 省包头 市/县		汇入地点	内蒙 省包头 市/县
	汇出行名称	中国建设银行红星支行		汇入行名称	建行昆区支行桥西分理处

金额	人民币（大写）	肆万元整	千百十万千百十元角分 ¥4 0 0 0 0 0 0

支付密码　1856

附加信息及用途：
支付货款

复核：　　　　　　记账：

汇出行签章：

此联给收款人的收账通知

（业务二十五）

1-3-68

内蒙古增值税专用发票　№ 02463500

3100164130

发票监制章的省市设置：　内蒙吉
此联不作报销......使用

校验码 46653 68435 46874 64838

开票日期：年11月24日

购买方	名　称：	包头东辉家电公司	密码区	54044*49846-5954/86540+3688
	纳税人识别号：	141403068651674811		654791-64/6615*84641<852652
	地址、电话：	包头市通路223号0472-4832562		21854+9841*61819-145400/520
	开户行及账号：	中国工商银行光明支行6606257600043289689		87951/569468-165*8153>58685

货物或应税劳务、服务名称	规格型号	单位	数量	单价	金额	税率	税额
电磁炉		台	20	800.00	16000.00	17%	2720.00
电视机		台	30	3500.00	105000.00	17%	17850.00
洗衣机		台	25	2100.00	52500.00	17%	8925.00
电冰箱		台	10	2000.00	20000.00	17%	3400.00
合　计					¥193500.00		¥32895.00

价税合计（大写）	⊗ 贰拾贰万陆仟叁佰玖拾伍元整	（小写）226395.00

销售方	名　称：	包头华海家电有限公司	备注
	纳税人识别号：	150202114418245	
	地址、电话：	包头昆区团结大街55号（0472-5110767）	
	开户行及账号：	建行昆区支行桥西分理处15171848599596191	

收款人：陈盈盈　　　复核：王弼　　　开票人：苏晓　　　销售方：（章）

第一联：记账联 销售方记账凭证

1-3-69

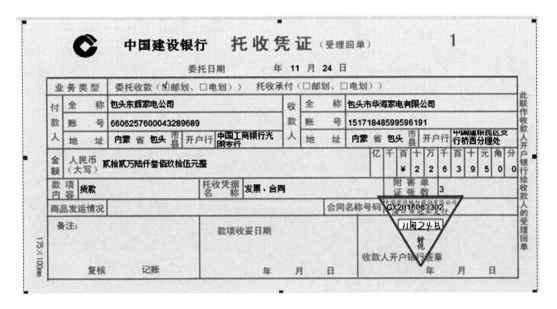

1-3-70

销 货 日 报 表

营业部：营业二部　　　　　　年　11　月　24　日　　　　　　金额单位：元

品名及规格	计量单位	数量	单价	金额			本月销售累计
				合计	现销	赊销	
海尔电冰箱	台	10	2000.00		20000.00		
方太电磁炉	台	20	800.00		16000.00		
长虹电视机	台	30	3500.00		105000.00		（略）
海尔洗衣机	台	16	3100.00		49600.00		
合计					706220.00		

销售合计（大写）：壹拾 玖万 叁仟 伍佰 零拾 零元 零角零分	¥:193500.00
税金合计（大写）：拾 叁万零贰仟 捌佰 玖拾 伍元 零角零分	¥:32895.00
金额合计（大写）：贰拾贰万 陆仟 叁 佰 玖 拾 伍元 零角 零分	¥:226395.00

部门经理：官雪　　　　　　审核：辛昱　　　　　　填表：志宇

（业务二十六）

1-3-71

1-3-72

1-3-73

中国建设银行 包头市建行昆区支行　　　　　**批扣回单**

No.546289789

批扣日期：　　年 11 月 25 日

付款人	全　称	包头华海家电有限公司	收款人	全　称	包头市供电公司
	账　号	15171848599596191		账　号	15020208002312345888
	开户银行	建行昆区支行桥西分理处		开户银行	中国建设银行白云支行

金额	人民币（大写）	捌仟肆佰贰拾肆元整	千 百 十 万 千 百 十 元 角 分
			￥ 8 4 2 4 0 0

摘要　代收电费

备注

打印日期：2016 年 11 月 25 日

1-3-74

内蒙古增值税专用发票　　№ 36872688

4400164130

发票监制章的省市设置　　内蒙吉

校验码 32546 35461 36413 34933　　　　开票日期：　年11月25日

购买方	名　称	包头华海家电有限公司	密码区	0054-584*940064+68423/26884 64965*8998/849159>85961-858 9854/764*4684-68652>6985425 863549+659/5858*1568-479845
	纳税人识别号	150202114418245		
	地址、电话	包头昆区团结大街55号（0472-5110767）		
	开户行及账号	建行昆区支行桥西分理处15171848599596191		

货物或应税劳务、服务名称	规格型号	单位	数量	单价	金　额	税率	税　额
基础通信费用		分钟	13925	0.16	2228.00	11%	245.08
合　　计					￥2228.00		￥245.08

价税合计（大写）	⊗ 贰仟肆佰柒拾叁圆零捌分	（小写）￥2473.08

销售方	名　称	包头市电信分公司	备注	914403008520036658
	纳税人识别号	14403004984549765		
	地址、电话	包头市建华路96号0755-10000		
	开户行及账号	中国工商银行建国支行6602203572336580440		

收款人：骆佳琪　　复核：曾飞　　开票人：傅圆琪

第三联：发票联 购买方记账凭证

1-3-75

1-3-76

1-3-77

（业务二十七）见出纳岗位实训操作空白支票

（业务二十八）

1-3-78

1-3-79

现金支出报销单

申请部门：总务科　　　　　　　　　　年 11 月 26 日　　　　　　　　　附单据　1　张

经手人	黄俊遥	电话	13768896628	领款方式	现金（√）工行卡（　）
				卡号	现金付讫
款项用途	办公用品			支出性质：	
报销金额	（大写）人民币柒佰零贰元整			¥：702.00	
预借备用金¥： 0.00		退还金额¥： 0.00		补领金额¥： 702.00	

财务部领导：薄傲　　　　部门领导：束妍　　　　出纳：邓小昱　　　　领款人：黄俊遥

（业务二十九）

1-3-80

1-3-81

（业务三十）

1-3-82

1-3-83

（业务三十一）

1-3-84

1-3-85

现金支出报销单

申请部门：管理部门　　　　　　　　年 11 月 27 日

附单据　1　张

经手人	刘娜	电话	13788269985	领款方式	现金（√）工行卡（　）	第一联记账联
				卡号		
款项用途	管理部门车辆油费			支出性质	现金付讫	
报销金额	（大写）人民币叁佰柒拾肆元肆角整				￥：374.40	
预借备用金￥：0.00		退还金额￥：0.00			补领金额￥：374.40	

财务部领导：杨飞扬　　部门领导：匡丽　　出纳：彭天　　领款人：刘娜

（业务三十二）

1-3-86

1-3-87

（业务三十三）

1-3-88

（业务三十四）

1-3-89

（业务三十五）

1-3-90

1-3-91

（业务三十六）

1-3-92

（业务三十七）

1-3-93

工资汇总明细表

编制单位：包头华海家电有限公司 年 11 月 单位：元

姓名	部门	职务	应发工资	代扣款项	实发工资	签名
刘光明	办公室	总经理	145044.82	9089.03	135955.79	刘光明
……					……	
合 计	——	——	533740.81	57794.82	475945.99	——

制表：陈再用　　　　　　　审核：何芳

1-3-94

工资发放表

年11月30日

序号	姓名	金额	卡号	备注
1	刘光明	5100	6217000420002290000	
2	…	…	…	
3	…	…	…	
4				
5				
…	…	…	…	
	合计金额	135955.79		

出纳：　　　　　　　　　　会计主管：

（业务三十八）

1-3-95

库存现金盘点报告表

单位名称：包头华海家电有限公司　　　　　年 11 月30日

实存金额	账存金额	实存与账存对比		备注
		盘盈（长款）	盘亏（短款）	

负责人签字：　　　　　盘点人签章：　　　　　　出纳签章：

（业务三十九）

1-3-96

中国建设银行　　　　　　　　**现金存款凭条**

日期：　　年　月　日

存款人	全称												
	账号						款项来源	贷款					
	开户行						交款人	N市润发商业广场					

金额（大写）	人民币							金额（小写）	亿	千	百	十	万	千	百	十	元	角	分

票面	张数	十	万	千	百	十	元	票面	张数	千	百	十	元	角	分	备注
壹佰元								伍角								
伍拾元								贰角								
贰拾元								壹角								
拾元								伍分								
伍元								贰分								
贰元								壹分								
壹元								其他								

注：此联不作为入账依据

第二联　客户核对联

1-3-97

中国建设银行

交易日期：　　-11-30　　　　　交易流水：6411440270

柜员号：360259　　　　　　　网点号：9852003

户名：包头华海家电有限公司

账号：15171848599596191

开户银行：建行昆区支行桥西分理处

业务类型：现金存款

交易方式：柜台交易　　　　　　交易币类：人民币

交易金额(大写)：　　元整

交易金额(小写)：

备注：

本凭证共1页一式两联　　打印日期：　　-11-03

共一笔第1页 共1页

附：出纳岗位实训操作空白支票

现金支票存根
30201000
0332980**1**

附加信息

出票日期 年 月 日

收款人:

金 额:

用 途:

单位主管 会计

付款期限自出票之日起十天

现金支票 模拟练写
30201000
0332980**1**

出票日期(大写) 年 月 日 付款行名称:

收款人: 出票人账号:

人民币
(大写)

亿	千	百	十	万	千	百	十	元	角	分

用途 密码

上列款项请从
我账户内支付

出票人签章 复核 记账

现金支票存根
30201000
0332980**2**

附加信息

出票日期 年 月 日

收款人:

金 额:

用 途:

单位主管 会计

付款期限自出票之日起十天

现金支票 模拟练写
30201000
0332980**2**

出票日期(大写) 年 月 日 付款行名称:

收款人: 出票人账号:

人民币
(大写)

亿	千	百	十	万	千	百	十	元	角	分

用途 密码

上列款项请从
我账户内支付

出票人签章 复核 记账

现金支票存根
30201000
0332980**3**

附加信息

出票日期 年 月 日

收款人:

金 额:

用 途:

单位主管 会计

付款期限自出票之日起十天

现金支票 模拟练写
30201000
0332980**3**

出票日期(大写) 年 月 日 付款行名称:

收款人: 出票人账号:

人民币
(大写)

亿	千	百	十	万	千	百	十	元	角	分

用途 密码

上列款项请从
我账户内支付

出票人签章 复核 记账

现金支票存根
30201000
0332980**3**

附加信息

出票日期 年 月 日

收款人:

金 额:

用 途:

单位主管 会计

付款期限自出票之日起十天

现金支票 模拟练写
30201000
0332980**3**

出票日期(大写) 年 月 日 付款行名称:

收款人: 出票人账号:

人民币
(大写)

亿	千	百	十	万	千	百	十	元	角	分

用途 密码

上列款项请从
我账户内支付

出票人签章 复核 记账

现金支票存根
30201000
03329804
附加信息 _____
出票日期 年 月 日
收款人:
金 额:
用 途:
单位主管 会计

付款期限自出票之日起十天

现金支票 模拟练写
30201000
03329804
出票日期(大写) 年 月 日 付款行名称:
收款人: 出票人账号:
人民币 亿千百十万千百十元角分
(大写)
用途 _____ 密码 _____
上列款项请从
我账户内支付
出票人签章 复核 记账

现金支票存根
30201000
03329805
附加信息 _____
出票日期 年 月 日
收款人:
金 额:
用 途:
单位主管 会计

付款期限自出票之日起十天

现金支票 模拟练写
30201000
03329805
出票日期(大写) 年 月 日 付款行名称:
收款人: 出票人账号:
人民币 亿千百十万千百十元角分
(大写)
用途 _____ 密码 _____
上列款项请从
我账户内支付
出票人签章 复核 记账

现金支票存根
30201000
03329806
附加信息 _____
出票日期 年 月 日
收款人:
金 额:
用 途:
单位主管 会计

付款期限自出票之日起十天

现金支票 模拟练写
30201000
03329806
出票日期(大写) 年 月 日 付款行名称:
收款人: 出票人账号:
人民币 亿千百十万千百十元角分
(大写)
用途 _____ 密码 _____
上列款项请从
我账户内支付
出票人签章 复核 记账

现金支票存根
30201000
03329806
附加信息 _____
出票日期 年 月 日
收款人:
金 额:
用 途:
单位主管 会计

付款期限自出票之日起十天

现金支票 模拟练写
30201000
03329806
出票日期(大写) 年 月 日 付款行名称:
收款人: 出票人账号:
人民币 亿千百十万千百十元角分
(大写)
用途 _____ 密码 _____
上列款项请从
我账户内支付
出票人签章 复核 记账

转账支票存根
10509430
00319211

附加信息＿＿＿＿＿＿＿

＿＿＿＿＿＿＿

出票日期   年 月 日

收款人：

金　额：

用　途：

单位主管　会计

转账支票 模拟练写
10509430
00319211

付款期限自出票之日起十天

出票日期（大写）　　年　　月　　日　　付款行名称：

收款人：　　　　　　　　　　　　　　　　出票人账号：

人民币
（大写）

亿	千	百	十	万	千	百	十	元	角	分

用途　　　　　　　　　　　　　密码＿＿＿＿＿＿

上列款项请从　　　　　　　　　行号＿＿＿＿＿＿

我账户内支付

出票人签章　　　　　　　　　复核　　记账

转账支票存根
10509430
00319212

附加信息＿＿＿＿＿＿

＿＿＿＿＿＿＿

出票日期   年 月 日

收款人：

金　额：

用　途：

单位主管　会计

转账支票 模拟练写
10509430
00319212

付款期限自出票之日起十天

出票日期（大写）　　年　　月　　日　　付款行名称：

收款人：　　　　　　　　　　　　　　　　出票人账号：

人民币
（大写）

亿	千	百	十	万	千	百	十	元	角	分

用途　　　　　　　　　　　　　密码＿＿＿＿＿＿

上列款项请从　　　　　　　　　行号＿＿＿＿＿＿

我账户内支付

出票人签章　　　　　　　　　复核　　记账

转账支票存根
10509430
00319213

附加信息＿＿＿＿＿＿

＿＿＿＿＿＿＿

出票日期   年 月 日

收款人：

金　额：

用　途：

单位主管　会计

转账支票 模拟练写
10509430
00319213

付款期限自出票之日起十天

出票日期（大写）　　年　　月　　日　　付款行名称：

收款人：　　　　　　　　　　　　　　　　出票人账号：

人民币
（大写）

亿	千	百	十	万	千	百	十	元	角	分

用途　　　　　　　　　　　　　密码＿＿＿＿＿＿

上列款项请从　　　　　　　　　行号＿＿＿＿＿＿

我账户内支付

出票人签章　　　　　　　　　复核　　记账

转账支票存根
10509430
00319215

附加信息＿＿＿＿＿＿

＿＿＿＿＿＿＿

出票日期   年 月 日

收款人：

金　额：

用　途：

单位主管　会计

转账支票 模拟练写
10509430
00319215

付款期限自出票之日起十天

出票日期（大写）　　年　　月　　日　　付款行名称：

收款人：　　　　　　　　　　　　　　　　出票人账号：

人民币
（大写）

亿	千	百	十	万	千	百	十	元	角	分

用途　　　　　　　　　　　　　密码＿＿＿＿＿＿

上列款项请从　　　　　　　　　行号＿＿＿＿＿＿

我账户内支付

出票人签章　　　　　　　　　复核　　记账

转账支票存根
10509430
00319216

附加信息

出票日期　年 月 日
收款人：
金　额：
用　途：
单位主管　会计

付款期限自出票之日起十天

转账支票 模拟练写　10509430
00319216

出票日期（大写）　年 月 日　付款行名称：
收款人：　　　　　　　　　　出票人账号：
　　　　　　　　　　　　　亿千百十万千百十元角分
人民币
（大写）

用途：　　　　　　　　　密码
上列款项请从　　　　　　行号
我账户内支付
出票人签章　　　　　　复核　记账

转账支票存根
10509430
00319217

附加信息

出票日期　年 月 日
收款人：
金　额：
用　途：
单位主管　会计

付款期限自出票之日起十天

转账支票 模拟练写　10509430
00319217

出票日期（大写）　年 月 日　付款行名称：
收款人：　　　　　　　　　　出票人账号：
　　　　　　　　　　　　　亿千百十万千百十元角分
人民币
（大写）

用途：　　　　　　　　　密码
上列款项请从　　　　　　行号
我账户内支付
出票人签章　　　　　　复核　记账

转账支票存根
10509430
00319218

附加信息

出票日期　年 月 日
收款人：
金　额：
用　途：
单位主管　会计

付款期限自出票之日起十天

转账支票 模拟练写　10509430
00319218

出票日期（大写）　年 月 日　付款行名称：
收款人：　　　　　　　　　　出票人账号：
　　　　　　　　　　　　　亿千百十万千百十元角分
人民币
（大写）

用途：　　　　　　　　　密码
上列款项请从　　　　　　行号
我账户内支付
出票人签章　　　　　　复核　记账

转账支票存根
10509430
00319219

附加信息

出票日期　年 月 日
收款人：
金　额：
用　途：
单位主管　会计

付款期限自出票之日起十天

转账支票 模拟练写　10509430
00319219

出票日期（大写）　年 月 日　付款行名称：
收款人：　　　　　　　　　　出票人账号：
　　　　　　　　　　　　　亿千百十万千百十元角分
人民币
（大写）

用途：　　　　　　　　　密码
上列款项请从　　　　　　行号
我账户内支付
出票人签章　　　　　　复核　记账

转账支票存根
10509430
00319220
附加信息
_____
出票日期　年　月　日
收款人：
金　额：
用　途：
单位主管　　会计

转账支票 模拟练写
10509430
00319220
出票日期（大写）　年　月　日　付款行名称：
收款人：　　　　　　　　　　出票人账号：
人民币　　　　　　　　　　　亿千百十万千百十元角分
（大写）
用途　　　　　　　　　　　　密码
上列款项请从　　　　　　　　行号
我账户内支付
出票人签章　　　　　　　复核　　记账

付款期限自出票之日起十天

转账支票存根
10509430
00319221
附加信息
_____
出票日期　年　月　日
收款人：
金　额：
用　途：
单位主管　　会计

转账支票 模拟练写
10509430
00319221
出票日期（大写）　年　月　日　付款行名称：
收款人：　　　　　　　　　　出票人账号：
人民币　　　　　　　　　　　亿千百十万千百十元角分
（大写）
用途　　　　　　　　　　　　密码
上列款项请从　　　　　　　　行号
我账户内支付
出票人签章　　　　　　　复核　　记账

付款期限自出票之日起十天

转账支票存根
10509430
00319221
附加信息
_____
出票日期　年　月　日
收款人：
金　额：
用　途：
单位主管　　会计

转账支票 模拟练写
10509430
00319221
出票日期（大写）　年　月　日　付款行名称：
收款人：　　　　　　　　　　出票人账号：
人民币　　　　　　　　　　　亿千百十万千百十元角分
（大写）
用途　　　　　　　　　　　　密码
上列款项请从　　　　　　　　行号
我账户内支付
出票人签章　　　　　　　复核　　记账

付款期限自出票之日起十天

转账支票存根
10509430
00319221
附加信息
_____
出票日期　年　月　日
收款人：
金　额：
用　途：
单位主管　　会计

转账支票 模拟练写
10509430
00319221
出票日期（大写）　年　月　日　付款行名称：
收款人：　　　　　　　　　　出票人账号：
人民币　　　　　　　　　　　亿千百十万千百十元角分
（大写）
用途　　　　　　　　　　　　密码
上列款项请从　　　　　　　　行号
我账户内支付
出票人签章　　　　　　　复核　　记账

付款期限自出票之日起十天

转账支票存根
10509430
00319220

附加信息 _____

出票日期　年月日
收款人：
金　额：
用　途：
单位主管　会计

付款期限自出票之日起十天

转账支票 模拟练写
10509430
00319220

出票日期（大写）　年　月　日　付款行名称：
收款人：　　　　　　　　　　出票人账号：
人民币
（大写）　　　　　　　　　亿千百十万千百十元角分
用途_____　　　密码_____
上列款项请从　　　行号_____
我账户内支付
出票人签章　　　　复核　记账

转账支票存根
10509430
00319221

附加信息 _____

出票日期　年月日
收款人：
金　额：
用　途：
单位主管　会计

付款期限自出票之日起十天

转账支票 模拟练写
10509430
00319221

出票日期（大写）　年　月　日　付款行名称：
收款人：　　　　　　　　　　出票人账号：
人民币
（大写）　　　　　　　　　亿千百十万千百十元角分
用途_____　　　密码_____
上列款项请从　　　行号_____
我账户内支付
出票人签章　　　　复核　记账

转账支票存根
10509430
00319221

附加信息 _____

出票日期　年月日
收款人：
金　额：
用　途：
单位主管　会计

付款期限自出票之日起十天

转账支票 模拟练写
10509430
00319221

出票日期（大写）　年　月　日　付款行名称：
收款人：　　　　　　　　　　出票人账号：
人民币
（大写）　　　　　　　　　亿千百十万千百十元角分
用途_____　　　密码_____
上列款项请从　　　行号_____
我账户内支付
出票人签章　　　　复核　记账

转账支票存根
10509430
00319221

附加信息 _____

出票日期　年月日
收款人：
金　额：
用　途：
单位主管　会计

付款期限自出票之日起十天

转账支票 模拟练写
10509430
00319221

出票日期（大写）　年　月　日　付款行名称：
收款人：　　　　　　　　　　出票人账号：
人民币
（大写）　　　　　　　　　亿千百十万千百十元角分
用途_____　　　密码_____
上列款项请从　　　行号_____
我账户内支付
出票人签章　　　　复核　记账

第二篇
职工薪酬核算岗位实训模块

项目一
职工薪酬核算岗位实训理论

┌─ **项目目标** ─────────────────────────────────┐
了解职工薪酬相关理论知识；理解职工薪酬核算岗位的职责；了解工资总额及其组成；掌握各种薪酬的计算及其账务处理。
└─────────────────────────────────────┘

任务一　职工薪酬核算模块操作概述

【实训任务】

通过实训了解职工薪酬核算模块的理论知识，培养学生理论联系实际的意识，发挥学生的主观能动性，提高学生的岗位职业能力。

【任务解析】

1.职工薪酬及职工薪酬核算模块的概述；

2.应付职工薪酬的计算；

3.职工工资、五险一金、社保等其他薪酬的账务处理

4.个税的处理及合理避税。

【实训教学内容】

一、职工薪酬核算模块概述

1.职工薪酬核算模块

职工薪酬核算模块是指在职工薪酬核算教学中，模拟一个企业真实的职工薪酬核算岗位，从明确岗位职责、掌握职工薪酬计算依据、严格执行工作流程、采用科学的职工薪酬计算方法，到完成职工薪酬核算的账务处理，都是以仿真的形式加以完成的教学操作模块。通过操作培养学生理论联系实际的意识，发挥学生的主观能动性，提高学生的岗位职业能力。

2.职工薪酬

职工薪酬，是指企业为获得职工提供的服务或解除劳动关系而给予的各种形式的报酬或补偿。职工薪酬包括短期薪酬、离职后福利、辞退福利和其他长期职工福利。企业提供给职工配偶、子女、受赡养人、已故员工遗属及其他受益人等的福利，也属于职工薪酬。

3.工资总额及其组成部分

工资总额是企业在一定时间内直接支付给本单位全部职工的劳动报酬总额，全部职工包括固定职工、合同职工、临时职工和计划外用工。工资总额是企业进行各种费用计提的基础。工资费用属于人工费范畴，是产品成本的重要组成部分。工资总额由下列六个部分组成：

（1）计时工资，即按照计时工资标准（包括地区生活补贴）和工作时间计算并支付给职工个人的劳动报酬。

（2）计件工资，即按照计件单价和已完成件数计算并支付给职工个人的劳动报酬。

（3）奖金，即支付给职工个人的超额劳动报酬和增收节支的劳动报酬。

（4）津贴和补贴，即企业为补偿职工特殊或额外的劳动消耗或其他特殊原因支付给职工的津贴，以及为保证职工工资水平不受物价影响支付给职工的物价补贴。

（5）加班加点工资，即企业按规定支付的加班和加点工资。

（6）特殊情况下支付的工资，包括企业按照国家的规定在职工因病、工伤、产假、计划生育、婚丧假、探亲假定期休息和学习期间应支付给职工的工资，以及企业所支付的附加工资和保留工资。

不包括在工资总额中的有：

（1）企业根据国务院发布的有关规定颁发给职工的创造发明奖、自然科学奖、科学技术进步奖和企业支付给职工的合理化建议奖、技术改进奖等。

（2）企业支付的有关劳动保险和职工福利方面的各项支出。

（3）企业支付的有关离休职工和退职人员待遇的各种支出。

（4）企业支付的各项劳动保护支出。

（5）企业支付的职工出差伙食补助费、误餐补助、调动工作的旅费和安家费。

（6）企业因劳动合同制职工解除劳动合同而支付的医疗补助费、生产补助费用等。

（7）企业支付的计划生育独生子女补贴等。

4.应付职工薪酬的计算

工资总额的计算原则应以直接支付给职工的全部劳动报酬为依据。目前企业的工资计算采用以下两种形式：

（1）以计时工资为主的应付职工薪酬的计算

计时工资=计时工资+奖金+津贴和补助+加班加点工资+特殊情况下支付的工资

（2）以计件工资为主的应付职工薪酬的计算

计件工资=计件单价×合格产品的数量

应付职工薪酬=计件工资+津贴和补贴+特殊情况下支付的工资

二、职工薪酬核算岗位的职责

1.岗位概述

职工薪酬核算岗位是企业为获得职工提供的服务而给予各种形式的报酬及其他相关

支出的专职岗位，有的企业单设职工薪酬会计岗位，有的企业则由劳资人事部门进行职工薪酬核算。

2.岗位职责

（1）认真贯彻执行国家有关职工薪酬方面的政策、法规，会同企业有关部门制定本单位各项职工薪酬的计算、发放、缴纳的具体标准、程序、方法。

（2）按照国家有关政策法规和企业的具体规定，计算提取各项职工薪酬并组织发放或及时向有关部门交付。

（3）按照会计准则规定，设置"应付职工薪酬"账户，对职工薪酬的计提（分配）和结算进行明细核算，并及时编制有关报表。

（4）在财务负责人的指导下，编制年度职工薪酬计划，并定期对计划执行情况进行分析。

三、职工工资的计算

职工工资是指企业在一定时间内应付给本单位全体职工的工资总额形成的企业对职工的负债。因为企业应按月支付职工工资，所以，应付职工薪酬存在的时间不长，属于流动负债。

（一）工资计算的依据

1.工资卡

工资卡主要记录职工的工资级别和工资标准，反映每个职工的基本情况，如姓名、职务、参加工作的时间、进厂时间、工资级别、工资标准、工资动态情况及有关津贴等。工资卡按每个职工设立，由企业人事部门统一管理。

2.考勤记录

考勤记录是记载和反映每个职工出、缺勤情况的原始记录，是计算计时工资的主要依据，也是计算计件工资的依据之一。

考勤记录应由各车间、班组和部门的负责人或考勤员逐日登记，定期汇总并经单位负责人审核签章后，送财务部门据以计算应付职工薪酬。

考勤记录通过设置考勤簿或考勤卡进行，考勤簿一般按车间、部门分别设置，考勤卡则按每一职工开设。

3.产量记录

产量记录是反映工人或生产小组在出勤时间内完成产量和耗用工时的原始记录，是计算计件工资的主要依据，常用的产量记录主要有工作通知单、工序进程单、工作班产量记录等。

（二）计算工资的工作流程

1.企业人事部门把职工工资级别、工资标准以及有关津贴等信息资料提供给职工薪酬会计。

2.月末车间、班组考勤员汇总考勤记录，送财务部门。

3.月末财务部门的工资会计根据以上两部门提供的原始资料，按照一定的工资计算方法编制职工工资发放表。

（三）工资计算方法

1.计时工资（月薪制）

采用月薪制计算计时工资，不论当月日历天数多少，只要职工按规定出全勤，就可以获得固定的月标准工资。如果有缺勤则应按有关规定从月标准工资扣除缺勤应扣工资。计算公式如下：

应付计时工资=月标准工资−缺勤应扣工资

缺勤应扣工资=缺勤日数×日工资×应扣比例

缺勤日数含职工旷工、事假及病假日数。

日工资是用每个职工的月标准工资除以月工作日数计算的。具体计算方法如下：

（1）按30天计算日工资

日工资=月标准工资/30

在此种计算方法下，双休日、法定节假日视为出勤，照付工资，而缺勤期间的双休日及节假日也视同缺勤，照扣工资。

（2）按21天计算日工资

日工资=月标准工资/21

在此种计算方法下，不论大月小月，每月工作日数按21天计算，各月内的双休日及法定节假日支付工资；因而，缺勤期间的双休日及节假日也不扣工资。

计算缺勤应扣工资，应根据国家的劳动保险条例规定，区别不同情况处理。对旷工和事假缺勤应按100%扣发缺勤的全部工资；对工伤、探亲假、婚丧假、产假等缺勤应视同出勤，按100%全额照发工资；对病假缺勤，则应按病假期限和工龄的长短扣发一定比例的工资。

2.计件工资

计件工资是根据当月产量记录的产品数量和规定的计价单价计算的工资。计件工资一般只适用于生产工人工资计算，其计算公式如下：

应付职工薪酬（计件）=合格品数量×计件单价

实际工作中，计件工资的计算包括个人计件工资的计算和集体计件工资的计算。

（四）发放职工薪酬

1.提取现金

出纳凭着工资发放明细表去银行申请提取现金金额，批准后出纳填写现金支票提取现金。

2.发放现金

出纳让职工在工资发放明细表上签字，按实发数量发放现金。

四、工资结算的财务处理

1.编制工资结算表和工资结算汇总表

实际工作中，企业与职工进行工资结算是通过编制工资结算表进行的，工资结算表按每个职工进行编制，按车间部门汇总，编成工资结算汇总表，并据以进行工资的总分类核算。表中的计算公式如下：

工资总额=标准工资+辅助工资+加班工资

应发金额=工资总额+代扣款项

实发金额=应发金额-代扣款项

2.设置"应付职工薪酬——工资"账户

（1）账户内容：该账户用来核算企业工资的提取、结算、使用等情况。

（2）账户的性质：负债类

（3）账户的结构：

借　　　　　　　　　　　应付职工薪酬——工资

贷

实发工资 代扣款项	分配工资

（4）明细账设置：一般设明细账（以工资结算表代之）。

3.工资结算的账务处理

（1）提取工资

借：库存现金

　贷：银行存款

（2）发放工资

借：应付职工薪酬——工资

　贷：库存现金

（3）结转代扣款项

借：应付职工薪酬——工资

　贷：其他应付款——代扣"五险"个人缴纳部分

　　　　　　　　——代扣住房公积金个人缴纳部分

（4）支付代扣款项时

借：其他应付款——代扣"五险"个人缴纳部分

　　　　　　——代扣住房公积金个人缴纳部分

　贷：银行存款

4.工资分配账务处理

（1）货币性工资

借：生产成本

制造费用

管理费用

销售费用

在建工程

研发支出

　贷：应付职工薪酬——工资

（2）非货币性工资

借：管理费用

销售费用

生产成本

制造费用

　贷：应付职工薪酬——非货币性福利

借：应付职工薪酬——非货币性福利

　贷：累计折旧

五、职工福利费的账务处理

企业职工为企业提供服务期间，除领取工资外，还应按照有关规定享受福利待遇。企业向职工提供福利而发生的费用，应通过"应付职工薪酬——职工福利"账户进行核算。

（一）职工福利费的支付与发生账务处理

职工福利费包括职工医疗费用、职工因公就医路费、职工生活困难补助、医务福利部门的人员工资、维持经费等。一般地区的企业均实行医疗保险，这样企业职工福利就不包括可以由医疗保险机构报支的医疗经费，但企业为职工缴纳的医疗保险就是一项职工福利费。职工福利费的发生有以下几种类型：

1.直接向职工支付职工福利费

借：应付职工薪酬——职工福利

　贷：库存现金

2.结转应由福利部门负担的相关费用。企业内部福利机构（如职工医院、浴室、托儿所、食堂、幼儿园等）非对外营利机构的人员工资、耗用的材料等费用，应按期结转计入职工福利费。结转时，财务处理如下：

借：应付职工薪酬——职工福利

　贷：应付职工薪酬——工资

　　　原材料

应交税费——应交增值税（进项税额转出）

3.发放非货币性福利。企业以自产产品作为工资发放给职工时，应确认主营业务收入。

借：应付职工薪酬——非货币性福利

贷：主营业务收入

应交税费——应交增值税（销项税额）

借：主营业务成本

贷：库存商品

（二）职工福利费分配的账务处理

对于职工福利费，企业应当在实际发生时根据实际发生额计入当期损益或相关资产成本

借：生产成本

制造费用

管理费用

销售费用

贷：应付职工薪酬——职工福利

六、其他薪酬的账务处理

（一）社会保险费的账务处理

为了保障职工权益，各类企事业单位均应依照法律、法规和各地人民政府的规定参加社会保险，为职工缴纳各项社会保险费。目前情况下社会保险费包括基本养老保险费、基本医疗保险费、失业保险费、工伤保险费和生育保险费五种。社会保险费一般以工资总额为基础，缴纳比例由各地（省、市）人民政府确定，缴纳的具体情况见表2-1。

表2-1　社会保险费缴纳情况表

费用名称	单位缴纳基数及比例		个人缴纳基数及比例	
	基　数	比　例	基　数	比　例
基本养老保险费	工资总额(按省平均工资60%保底，三倍封顶)	20%	职工个人月工资额(或上年月平均工资额)	8%
		9.5%		2%(不上交,转入个人账户)
基本医疗保险费		2%		1%
失业保险费		0.6%		不缴纳
生育保险费		0.4%～1.4%(分行业、工种实施不同比例)		不缴纳
工伤保险费				

1.企业计提各项社会保险费（单位缴纳部分）时：

借：生产成本

制造费用

管理费用

销售费用

贷：应付职工薪酬——社会保险费

2.企业以银行存款上交本期应交的各项社会保险费时：

借：应付职工薪酬——社会保险费

其他应付款——代扣"五险"个人缴纳社保险费

贷：银行存款

（二）住房公积金的账务处理

住房公积金是为了解决职工住房而建立的一项统筹基金，各地方政府均制定了适合本地区的住房公积金缴纳及管理方法。企业按规定为职工缴纳住房公积金是对职工生活福利方面的投入，所以它也是职工薪酬的一部分。

住房公积金的缴纳基数也是职工的职工薪酬，并且是单位和职工本人共同缴纳。计提比例由各地人民政府确定。

1.企业计提公积金（单位缴纳部分）时：

借：生产成本

制造费用

管理费用

销售费用

在建工程

研发支出

贷：应付职工薪酬——住房公积金

2.企业以存款上交本期应交的住房公积金时：

借：应付职工薪酬——住房公积金

其他应付款——代扣个人缴纳住房公积金

贷：银行存款

（三）工会经费和职工教育经费的账务处理

1.工会经费的账务处理

根据国家有关规定，企业每月应按照职工薪酬总额的2%计提工会经费，并按期拨付给企业工会使用。企业按职工薪酬总额计提拨交工会使用的工会经费是工会开展活动经费来源之一。工会使用经费开展各项活动受益者是企业职工，所以也应将其列为职工薪酬的核算内容之一。企业计提的工会经费通过"应付职工薪酬——工会经费"账户进行核算。

借：生产成本

制造费用

管理费用

销售费用

在建工程

研发支出

贷：应付职工薪酬——工会经费

2.职工教育经费的账务处理

职工教育经费是一项专用于职工教育培训的经费，这是为了提高企业单位职工的文化素质、科技水平和专业技能的需要而建立的，是职工享受福利待遇的一种特殊形式。

企业可以根据国家有关规定，结合企业实际情况，在一定条件和范围内安排使用职工教育经费。

目前，企业承担职工教育经费按国家统一规定，以职工薪酬总额的一定比例计算提取，计提比例范围为1.5%～2.5%，具体比例可根据企业经济效益情况在此范围内确定。企业在提取数额范围内控制使用，实际支出数额应作纳税调整处理。

借：生产成本

制造费用

管理费用

销售费用

在建工程

研发支出

贷：应付职工薪酬——职工教育经费

六、应交个人所得税的核算

按照个人所得税的征收管理办法，个人所得税采用自行申报缴纳和代扣代缴纳两种方法。除实行查账核实征收的个体工商户取得的应税收入所得自行申报缴纳后需要会计核算外，一般的个人取得的收入自行申报缴纳后，不必进行会计核算。但是，履行代扣代缴义务的单位和个人代扣代缴税款时，必须进行有关账务处理。

支付工资、薪金（包括奖金、年终加薪、劳动分红、津贴、补贴等）的单位代扣代缴的个人所得税，应通过"应付职工薪酬""应交税费——应交个人所得税"账户核算。

1.发放工资，结转代扣代缴的个人所得税时：

借：应付职工薪酬

贷：应交税费——应交个人所得税

2.以银行存款缴纳个人所得税时：

借：应交税费——应交个人所得税

贷：银行存款

个人取得的工资、薪金所得，是指个人因任职或者受雇而取得的工资、薪金、奖金、年终加薪、劳动分红、津贴、补贴以及与任职或受雇有关的其他所得，工资、薪金所得项目税率如表2-2所示。

表2-2　工资、薪金所得项目税率表

级　数	全月应纳税所得额	税　率	速算扣除数
1	不超过3000元的	3%	0
2	超过3000元至12000元部分的	10%	210
3	超过12000元至25000元部分的	20%	1410
4	超过25000元至35000元部分的	25%	2660
5	超过35000元至55000元部分的	30%	4410
6	超过55000元至80000元部分的	35%	7160
7	超过80000元的	45%	15160

工资、薪金所得按照以下步骤计算缴纳个人所得税：每月取得工资收入后，先减去五险一金、职业年金等，再减去费用扣除额5000元为应纳税所得额，按照最新工资、薪金所得项目税率计算缴纳个人所得税。计算公式如下：

应纳个人所得税税额=应纳税所得额×税率-速算扣除数

任务二　职工薪酬的合理避税

【实训任务】

通过实训，了解职工薪酬合理避税的意义。

【任务解析】

通过职工薪酬避税的学习，深刻理解合理避税的重要意义，掌握几种避税方法。

【实训教学内容】

依法纳税是每个公民应尽的义务，但在履行义务的同时，不妨通过税务筹划合理合法地有效避税，避免缴纳"冤枉税"。

1.均衡法：削平收入起伏

工资收入尽量不要起伏太大，尽量分摊到每个月平均拿。税务师张先生介绍，我国个人所得税采用七级累进税率，纳税人的应税所得越多，其适用的最高边际税率也就越高，从而纳税人适用的平均税率和实际交税额都可能提高。他建议，在纳税人一定时期内收入总额既定的情况下，其分摊到各月的收入应尽量均衡，最好不要大起大落，如集中实施季度奖、半年奖、过节费等薪金，会增加纳税人纳税负担。

例如：某IT企业销售经理杨先生，每月的工资收入主要有两部分：一部分为固定工资，每月5000元；另一部分为销售提成，公司一般年底按比例提成。去年年底杨先生应该拿20万元的提成，公司财务人员告诉他，这笔提成要交纳近6万元的税金。杨先生咨询了税务师朋友后，要求公司把提成在今年按月发放，这样就很巧妙地节了税。

2.福利转化法：降低名义收入

由于对职工福利和工资收入的税务安排不同，善解人意的公司不妨在政策范围内多发放福利（需注意：目前饭补、房补等福利费已纳入个税范围），通过福利费来巧妙安排，从而帮助员工合理避税。

在各档税率不变的条件下，可以通过减少自己收入的方式使得自己适用较低的税率，同时计税的基数也变小了。可行的做法是和单位达成协议，改变自己的工资薪金的支付方法，即由单位提供一些必要的福利，如企业提供住所、车辆保养使用费用等，这些是员工硬性支出，可在工资中将这些费用扣除。此外，企业还可以提供假期旅游津贴、员工福利设施等，以抵减个人的工资薪金收入。

对纳税人来说，这只是改变了收入的形式，自己能够享受到的收入的效用并没有减少，而由于这种以福利抵减收入的方式相应地减少了其承担的税收负担。这样一来，纳税人就能享受到比原来更多的收入的效用。

举例，像车辆开支，如果由公司承担，则与自己承担可以有40%左右的负担差别。再如，年终奖和平时的工资收入尽量拿发票去报销一部分。"当然，这一定要事先和公司沟通好，看企业是否愿意。"相丰军说，"比如住房费用，如果企业承担的话，企业的纳税负担就会增加，除非企业有房产或者可以拿到租房的发票"。

程东今年38岁，任某知名企业研发部经理，目前年收入30万元（其中月基本工资1.5万元，其他是奖金与分红）。目前程东每年缴纳的个人所得税达5万元，占其全年总收入的1/6。后来，程东听从建议，通过一系列合法手段节税。首先，由公司承担程东车辆的保养使用费用4万元/年，采取报销或公司直接购买的方式合法避税，由公司直接结账，而不是通过现金补贴（现金补贴仍需缴税），相关费用从程东奖金中扣除。其次，由公司出资替程东购买具有现金价值的养老金，每年出资3.56万元给程东购买养老金。通过购买养老保险，可以享受节税的好处，因为这笔钱不买保险也要缴税。

3.公积金法：尽量多缴

公积金能多缴就多缴。按照税务部门的有关规定，公民每月所缴纳的住房公积金是从税前扣除的，财政部、国家税务总局将单位和个人住房公积金免税比例确定为12%，即职工每月实际缴存的住房公积金，只要在其上一年度月平均工资12%的幅度内，就可以在个人应纳税所得额中扣除。因此，高收入者可以充分利用公积金、补充公积金来免税。

例如：赵先生是一家房地产公司的企划经理，每月应发的工资加奖金一般都在1.5万元左右，缴纳公积金和养老保险后约剩1.2万元，每月要缴纳个人所得税2000元左右。这对他来说是一笔数额不小的"损失"。精明的赵先生直接找到公司老板，申请每月多缴一些住房公积金，这样他就做到了合理避税，因为公积金是不用交税的，而且已经买了房的赵先生随时可以提取公积金。

4.次数筹划法

这主要适用于劳务所得。现在，不少人在外兼职或者提供一定的劳务，获得工资之外的劳务报酬。这部分收入也需要好好筹划。

与工资薪金所得不同，劳务报酬所得征税是以次数为标准的，而不是以月计算。所以，次数的确定对于交纳多少所得税款至关重要，这也是对于劳务报酬所得税进行筹划时首先考虑的一个因素。

劳务报酬以次数为标准，每次都要扣除一定的费用，在一个月内劳务报酬支付的次数越多，扣除的费用也就越多，其应交纳的税款就越少。所以，纳税人在提供劳务时，合理安排纳税时间内每月收取劳务报酬的数量，可以多次扣除法定的费用，减少每月的应纳税所得额，避免适用较高的税率，使自己的净收益增加。

5.投资避税

除了尽可能合理安排工资收入外，还可以利用我国对个人投资的各种税收优惠政策来合理避税，主要可利用的投资工具有国债、教育储蓄、保险产品与股票等。

（1）国债不纳税

被誉为"金边债券"的国债，不仅是各种投资品中最安全的，也可免征利息税。虽然由于加息的影响，债券收益的诱惑减弱，但对于偏好稳健的"白骨精"们来说，利用国债投资避税值得考虑。

（2）教育储蓄巧免税

这主要是对于那些家有儿女，要供给"读书郎"的家庭。相比普通的银行储蓄，教育储蓄是国家为了鼓励居民积累教育资金而设立的，其最大的特点就是免征利息税。而教育储蓄的实得收益比同档次普通储蓄高出20%。但教育储蓄并非人人都可办理，其对象仅仅是在校学生。

（3）买保险节流税款

我国税法没有规定保险收益也要扣税。对多数家庭来说，选择合理的保险计划，是个不错的理财方法，既可得到所需的保障，又可合理避税。

此外，银行发行的人民币理财产品，还有股票、基金买卖所得差价收益，按照现行税收规定，均暂不征收个人所得税，当然也要注意其产品风险。

6.慈善捐赠免税

捐赠不仅是善事，还可以免税。我国个人所得税法规定，个人将其所得通过中国境内的社会团体、国家机关向教育和其他社会公益事业以及遭受严重的自然灾害地区、贫困地区的捐赠，只要捐赠额未超过其申报的应纳税所得额的30%的部分，就可从其应纳税所得额中扣除。即个人捐赠时，只要其捐赠方式、捐赠款投向、捐赠额度符合法律规定，就可使这部分捐赠款免交个人所得税。当然，企业也可在年度利润总额12%以内免税。

该政策实际上是允许纳税人将自己对外捐赠的一部分改为由税收来负担。对个人来说，可通过公益、救济性捐赠将一部分收入从应纳税所得额中扣除，从而达到抵免部分税收的目的。当然，个人捐赠必须通过我国境内非营利性的社会团体、国家机关，自己直接给到受赠方手中的捐赠不享受减免个税的政策。同时，捐赠时应向相关社会团体、国家机关索要正式的票据。

个人捐款免税需要办理一定的手续，各个地方可能会略有差异。一般办理手续如下：取得相关机构出具的接收捐赠专用收据，原始收据由单位或捐款人妥善保存备查。

项目二
职工薪酬核算岗位实训操作

项目目标

　　熟知职工薪酬会计的一般工作程序及构成要素；掌握职工薪酬的计算、工资表的编制及相关账务处理的操作技能。

任务一　职工薪酬会计的一般程序

【实训任务】

　　通过学习，熟知职工薪酬会计的一般工作程序。

【任务解析】

　　职工薪酬核算岗位的设置及工作程序。

【实训教学内容】

　　1.根据每个职工的工作标准和出勤记录计算、编制各月的工资结算表。

　　2.根据按车间、部门编制的工资结算表汇总编制工资结算汇总表。

　　3.按工资结算汇总表中的实发金额开具现金支票，提取现金，发放工资。

　　4.根据工资结算汇总表分配职工薪酬（略）。

　　5.编制其他职工薪酬计算表并分配相关费用（略）。

任务二　职工薪酬会计岗位实训操作

【实训任务】

　　通过学习，掌握职工薪酬的计算、凭证的编制及相关账务处理的操作技能。

【任务解析】

　　1.模拟企业的基本情况；

　　2.职工薪酬核算实训资料供应；

　　3.工资计算的表格编制；

　　4.职工薪酬相关账务处理的操作技能。

　　5.编制其他职工薪酬计算表并分配相关费用。

【实训教学内容】

一、企业概况

云中化工厂属小型国有企业，实行独立核算、自负盈亏，主要生产电石和乙炔气。年产量为电石 15000 吨、乙炔气 50000 瓶。拥有固定资产 530 万元；年产值 5000 万元，年利税 200 万元。全厂职工 199 人，其中管理人员 35 人。设有三个基本生产车间、一个机修车间，另外还有一个运输车队。

一车间生产石灰，有工人 8 名、管理人员 1 名；二车间生产电石，有工人 98 名、管理人员 4 名；三车间生产乙炔气，有工人 26 名、管理人员 3 名；机修车间有工人 17 名、管理人员 3 名；车队有工人 15 名；另有医务人员 2 名、厂部管理人员 21 名。

二、操作实务及相关资料

1. 三车间工人岗位工资标准见表 2-3。

2. 管理人员岗位工资标准见表 2-4。

3. 部分管理人员、三车间职工基本情况见表 2-5、表 2-6。

4. 10 月份有关人员考勤记录见表 2-7、表 2-8。

5. 10 月份工资结算表及工资结算汇总表见表 2-9、表 2-10。

表 2-3 三车间工人岗位工资标准

岗 级	类 别	岗 位	人 数	工资标准
1	正	发生间代班长	1	1930
	副	发生间操作工	5	1720
2	正	冲瓶间代班长	1	1690
	副	冲瓶间操作工	8	1670
3	正	机修工段代班长	1	1600
	副	机修工段操作工	3	1590
4	正	检验工段代班长	1	1580
	副	检验工段操作工	6	1570
合计			26	

表2-4　管理人员岗位工资标准

岗　级	类　别	岗　位	人　数	工资标准
1	正	厂长、党委书记	2	4300
	副	副厂长、总会计师、总工程师、工会主席	1	3900
2	正	生产车间正职(车间主任)	1	2800
	副	机关正职、辅助车间正职、生产车间副职	5	2500
3	正	机关副职	1	2200
	副	生产车间技术员	2	1680
4	正	生产线总工艺员、办公室秘书、机修安技员、会计、劳资员、医师	4	1660
	副	车间统计员、出纳员、采购员、销售业务员、安全员、保管员、党员干事、化验技术员	10	1600
5	正	描图员、档案员		1580
	副	见习(大、中专毕业生)		1540
合计			26	

表2-5　部分管理人员基本情况一览表

序号	姓名	职务	学历	工作年限	职称	技能工资	性别	毕业时间	毕业学校
1	张跃勇	厂长	硕士研究生	21	高级工程师	2680	男	1980年7月	东北工学院
2	刘春晚	书记	大学	22	高级工程师	2650	男	1979年7月	内蒙古大学
3	李今	副厂长	大学	21	工程师	2616	女	1980年7月	内蒙古大学
4	郭书弟	财务科科长	大学	21	会计师	2616	男	1991年7月	天津财院
5	温志忠	会计	大学	17	会计师	2496	男	1993年7月	内蒙古财院
6	王琼琳	出纳	大学	15	助理会计师	2416	女	1990年7月	内蒙古电大
7	孙景民	生产科科长	大学	20	工程师	2584	男	1989年7月	四川大学
8	董志	生产科副科长	大学	15	工程师	2442	男	1986年7月	兰州大学
9	吴秋生	化验技术员	大学	12	技术员	2346	男	1996年7月	内蒙古电大
10	郑刚林	办公室主任	大学	11		2368	男	1990年7月	内蒙古师范大学
11	王群	秘书	大学	9		2304	女	1992年7月	包头钢院
12	申伟良	供销科科长	大学	13	经济师	2392	男	1994年7月	天津财院
13	刘国锋	采购员	大专	9		2284	男	1992年7月	内蒙古电大
14	刘杰	销售业务员	大专	11		2324	男	1990年7月	内蒙古电大
15	吴凤鸣	销售业务员	大专	6		2228	女	1995年7月	内蒙古师范大学
16	张世荣	党团干事	大学	4		2210	女	1997年7月	包头钢院
17	谢世英	保管员	中专	15		2392	男	1986年7月	天津财院
18	王利峰	安全员	大专	7		2246	男	1994年7月	内蒙古电大
19	苑冬梅	保卫干事	大专	4		2176	女	1997年7月	内蒙古师范大学
20	王杰	劳资员	大学	3		2192	男	1998年7月	内蒙古师范大学
21	李祥	技术科科长	大学	12	工程师	2392	男	1996年7月	包头钢院
22	张秀凤	医师	大学	13		2392	女	1997年7月	天津财院
23	崔琴	护士	中专	13		2304	女	1991年7月	内蒙古电大

表2-6　三车间职工基本情况一览表

序号	姓名	职务	学历	工作年限	职称	技能工资	性别	毕业时间	毕业学校
1	刘志林	车间主任	大学	13	工程师	2392	男	1988年7月	西安大学
2	尚智	车间统计员	中专	10	助理统计师	2284	男	1996年7月	内蒙古财校
3	赵玉兰	车间技术员	大专	8	技术员	2264	女	1997年7月	包头钢院
4	范小刚	检验工段代班长	技校	6	—	2228	男	1995年7月	包头电力技校
5	李文中	检验工段操作工	中专	6	—	2210	男	1995年7月	包头劳动技校
6	赵小磊	检验工段操作工	中专	4	—	2176	男	1997年7月	包头二十二中
7	张德安	检验工段操作工	技校	4	—	2192	男	1997年7月	二机技校
8	佘玉玺	检验工段操作工	中专	4	—	2176	男	1997年7月	二机中专
9	赵林涛	检验工段操作工	技校	3	—	2176	男	1998年7月	包钢技校
10	赵廉	检验工段操作工	技校	3	—	2176	男	1998年7月	包钢技校
11	张志忠	机修工段代班长	职高	13	—	2368	男	1988年7月	二机五中
12	王景龙	机修工段操作工	职高	10	—	2304	男	1996年7月	二机五中
13	辛宏	机修工段操作工	职高	11	—	2324	男	1990年7月	二机五中
14	李英柱	机修工段操作工	高中	7	—	2246	男	1994年7月	二机三中
15	赵文革	冲瓶间代班长	高中	17	—	2468	男	1984年7月	包钢一中
16	张立	冲瓶间操作工	高中	16	—	2442	男	1985年7月	二机一中
17	白世雄	冲瓶间操作工	高中	15	—	2416	男	1986年7月	二机一中
18	王跃	冲瓶间操作工	技校	6	—	2228	男	1995年7月	一机技校
19	李有有	冲瓶间操作工	技校	2	—	2160	男	1999年7月	电力技校
20	刘柱柱	冲瓶间操作工	中专	2	—	2144	男	1999年7月	二机中专
21	王三丰	冲瓶间操作工	中专	1	—	2128	男	2000年7月	二机中专
22	梁本山	冲瓶间操作工	高中	25	—	2721	男	1976年7月	二机一中
23	肖红军	冲瓶间操作工	职高	4	—	2192	男	1997年7月	二机三中
24	卢晓明	发生间代班长	职高	5	—	2210	男	1996年7月	二机五中
25	吴建民	发生间操作工	职高	8	—	2264	男	1993年7月	二机五中
26	董兆伟	发生间操作工	职高	8	—	2264	男	1993年7月	二机五中
27	刘汉青	发生间操作工	职高	8	—	2264	男	1993年7月	二机五中
28	温强	发生间操作工	职高	8	—	2264	男	1993年7月	二机五中
29	任小峰	发生间操作工	职高	8	—	2264	男	1993年7月	二机五中

部门名称：管理部门

年10月

表2-7　管理部门出勤

序号	姓名	1	2	3	4	5	6	7	8	9	10	11	12	13	14	15	16	17	18	19	20	21	22	23	24	25	26	27	28	29	30	31	应出勤	实出勤	缺勤	加班	夜班
1	张跃勇											/	/			/	/	/	/	/	/	/	/	/	/	/	/			/	/	/					
2	刘春晓								/	/	/	/	/			/	/	/	/	/	/	/	/	/	/	/	/			#	#	#					
3	李今							/	/	/	/	/	/			/	/	/	/	/	/	/	/	/	/	/	/			/	/	/					
4	郭书弟						/	/	/	/	/	/	/			/	/	/	/	/	/	/	/	/	/	/	/			/	/	/					
5	温志忠					/	/	/	△	△	△	/	/			/	/	/	/	/	/	/	/	/	/	/	/			/	/	/					
6	王琼琳					/	/	/	/	/	/	/	/			/	/	/	/	/	/	/	/	/	/	/	/			/	/	/					
7	孙景民								/	/	/	/	/			/	/	/	/	/	/	/	#	/	/	/	/			/	/	/					
8	董志								/	/	/	/	/			/	/	/	/	/	/	/	/	/	/	/	/			/	/	/					
9	吴秋生								/	/	/	/	/			/	/	/	/	/	/	/	/	/	/	/	s			/	/	/					
10	郑刚林								/	/	/	/	/			/	/	/	/	/	/	/	/	/	/	/	/			/	/	/					
11	王群								/	/	/	/	/			/	/	/	/	/	/	/	/	/	/	/	/			/	/	/					
12	申伟良								/	/	/	/	/			/	/	/	/	/	/	/	/	/	/	/	/			/	/	/					
13	刘国锋								/	/	/	/	/			/	/	/	/	/	/	/	/	/	/	/	/			/	/	/					
14	刘杰								/	/	/	/	/			/	/	/	/	/	/	/	/	/	/	/	/			/	/	/					
15	吴凤鸣								/	/	/	/	/			/	/	/	/	/	/	/	/	/	/	/	/			/	/	/					
16	张世荣								/	/	/	/	/			/	/	/	/	/	/	/	/	/	/	/	/			/	/	/					
17	谢世英	/	/	/					/	/	/	/	/			/	/	/	/	/	/	/	/	/	/	/	/			/	/	/					
18	王利峰								/	/	/	/	/			/	/	/	/	/	/	/	/	/	/	/	/			/	/	/					
19	苑冬梅								/	/	/	/	/			/	-	-	-	/	/	/	/	/	/	/	/			/	/	/					
20	王杰								/	/	/	/	/			/	/	/	/	/	/	/	/	/	/	/	/			/	/	/					
21	李祥								/	/	/	/	/			/	/	/	/	/	/	/	/	/	/	/	/			/	/	/					
22	张秀凤								/	/	/	/	/			/	/	/	/	/	/	/	/	/	/	/	/			/	/	/					
23	崔琴								/	/	/	/	/			/	/	/	/	/	/	/	/	/	/	/	/			/	/	/					

考勤标记：出勤（/）病假（#）事假（s）旷工（×）工伤（√）产假（0）婚假（+）丧假（-）探亲假（△）夜班（Y）

部门负责人：

班组负责人：

考勤员：

表2-8　三车间出勤

部门名称：三车间　　　　　　　　　　　　　　　　　　　　　　　　　　年10月

序号	姓名	1	2	3	4	5	6	7	8	9	10	11	12	13	14	15	16	17	18	19	20	21	22	23	24	25	26	27	28	29	30	31	应出勤	实出勤	缺勤	加班	夜班
1	刘志林	/	/	/	/	/	/	/	/	/	/	/	/	/	/	/	/	/	/	/	/	/	/	/	/	/	/	/	/	/	/	/					
2	尚智	/	/	/	/	/	/	/	/	/	/	/	/	/	/	/	/	/	/	/	/	/	/	/	/	/	/	/	/	/	/	/					
3	赵玉兰	/	/	/	/	/	/	/	0	0	0	0	0	/	/	/	/	/	/	/	/	/	/	/	/	/	/	/	/	/	/	/					
4	范小刚	/	/	/	#	/	/	/	#	#	#	#	#	/	/	#	#	#	#	#	/	/	/	#	#	#	/	/	/	#	#	#					
5	李文中	/	/	/	/	/	/	/	/	/	/	/	/	/	/	/	/	/	Y	Y	/	/	/	/	/	/	/	/	/	/	/	/					
6	赵小磊	/	/	/	/	/	/	/	/	/	/	/	/	/	/	/	/	/	/	/	/	/	/	/	/	/	/	/	/	/	/	/					
7	张德安	/	/	/	/	/	/	/	+	+	+	+	+	/	/	+	+	+	+	+	/	/	/	/	/	/	/	/	/	/	/	/					
8	佘玉玺	/	/	/	/	/	/	/	/	/	/	/	/	/	/	/	/	/	/	/	/	/	/	/	/	/	/	/	/	√	√	√					
9	赵林涛	/	/	/	/	/	/	/	/	/	/	/	/	/	/	/	/	×	/	/	/	/	/	/	/	/	/	/	/	/	/	/					
10	赵廉	/	/	/	/	/	/	/	/	/	/	/	/	/	/	/	/	/	/	/	/	/	/	/	/	/	/	/	/	/	/	/					
11	张志忠	/	/	/	/	/	/	/	/	/	/	/	/	/	/	/	/	/	/	/	/	/	#	#	/	/	/	/	/	△	△	△					
12	王景龙	/	/	/	/	/	/	/	/	/	/	/	Y	/	/	/	/	/	/	Y	/	/	/	/	/	Y	Y	/	/	/	/	/					
13	辛宏	/	/	/	/	/	/	/	/	/	/	/	/	/	/	/	/	/	/	Y	/	/	/	/	/	/	Y	/	/	/	/	/					
14	李英柱	/	/	/	/	/	/	/	/	/	/	/	/	/	/	/	/	/	/	/	/	/	/	/	/	/	Y	/	/	/	/	/					
15	赵文革	/	/	/	/	/	/	/	△	△	△	/	/	/	/	△	/	/	/	/	/	/	/	/	/	/	/	/	/	/	/	/					
16	张立	/	/	/	/	/	/	/	/	/	/	/	/	/	/	/	/	/	/	/	/	/	/	/	/	/	/	/	/	/	/	/					
17	白世雄	/	/	/	/	/	/	/	/	/	/	/	/	/	/	/	/	/	/	/	/	/	/	/	/	/	/	/	/	/	/	/					
18	王跃	/	/	/	/	/	/	/	Y	/	/	/	/	/	/	/	/	/	/	/	/	/	/	/	/	/	/	/	/	/	/	/					
19	李有有	/	/	/	/	/	/	/	/	/	/	/	/	/	/	/	/	/	/	/	/	/	/	/	/	/	/	/	/	/	/	/					
20	刘柱柱	/	/	/	/	/	/	/	/	/	/	/	/	/	/	/	/	/	/	/	/	/	/	/	/	/	/	/	/	/	/	/					
21	王三丰	/	/	/	/	/	/	/	#	#	/	/	/	/	/	/	/	/	/	/	/	/	/	/	/	/	/	/	/	/	/	/					
22	梁本山	/	/	/	/	/	/	/	/	/	/	/	/	/	/	/	/	/	/	/	/	/	/	/	/	/	/	/	/	/	/	/					
23	肖红军	/	/	/	/	/	/	/	/	/	/	/	/	/	/	/	/	/	/	/	/	/	√	√	/	/	/	/	/	/	/	/					
24	卢晓明	/	/	/	/	/	/	/	Y	/	/	/	/	/	/	/	/	/	/	/	/	/	/	/	/	/	/	/	/	/	/	/					
25	吴建民	/	/	/	/	/	/	/	/	/	/	/	/	/	/	/	/	/	/	/	/	/	/	/	/	/	/	/	/	/	/	/					
26	董兆伟	/	/	/	/	/	/	/	/	/	/	/	/	/	/	/	/	/	/	/	/	/	/	/	/	/	/	/	/	/	/	/					
27	刘汉青	/	/	/	/	/	/	/	/	/	/	/	/	/	/	/	/	/	/	/	/	/	/	/	/	/	/	/	/	/	/	/					
28	温强	/	/	/	/	/	/	/	/	/	/	/	/	/	/	/	/	/	/	/	/	/	/	/	/	/	/	/	/	/	/	/					
29	任小峰	/	/	/	/	/	/	/	/	/	/	/	/	/	/	/	/	/	/	/	/	/	/	/	/	/	/	/	/	/	/	/					

考勤标记：出勤（／）病假（/）事假（#）厂工假（s）工伤（×）婚假（0）产假（√）丧假（+）探亲假（-）夜假（Y）夜班（△）

部门负责人：　　　　　　　　　　　　班组负责人：　　　　　　　　　　　　考勤员：

表2-9 工资结算表 (一)

车间、部门：

年 月 日

序号	姓名	出勤 日数	基本工资		辅助工资			加班工资		应发 工资	代扣款					职业年金	个人所得税	其他扣款	实发 工资
			技能工资	岗位工资	工龄工资	夜班费	支边费	交通通讯补贴	日数	%	金额		养老保险	失业保险	医疗保险	住房公积金				
1																			
2																			
3																			
4																			
5																			
6																			
7																			
8																			
9																			
10																			
11																			
12																			
13																			
14																			
15																			
16																			
17																			
18																			
19																			
20																			
21																			
22																			
23																			
24																			
25																			
26																			
27																			
28																			
29																			
30																			

表2-9 工资结算表（二）

年 月 日

车间、部门：

序号	姓名	出勤日数	基本工资			辅助工资			加班工资			应发工资	代扣款						其他扣款	实发工资
			按件工资	岗位工资	工龄工资	夜班费	支边费	交通通讯补贴	日数	%	金额		养老保险	失业保险	医疗保险	住房公积金	职业年金	个人所得税		
1																				
2																				
3																				
4																				
5																				
6																				
7																				
8																				
9																				
10																				
11																				
12																				
13																				
14																				
15																				
16																				
17																				
18																				
19																				
20																				
21																				
22																				
23																				
24																				
25																				
26																				
27																				
28																				
29																				
30																				

表2-10　工资结算汇总表

序号	单位部门	人数	基本工资		辅助工资				加班工资	应发金额	代扣款						实发金额
			技能工资	岗位工资	工龄工资	夜班费	支边费	交通通讯补贴			养老保险	失业保险	医疗保险	住房公积金	职业年金	个人所得税	其他扣款	
1	行政管理部门																	
2	三车间																	
3																		
4																		
5																		
6																		
7																		
8																		
9																		
10																		

三、填表说明

（一）出勤日数

该企业按月薪制计算工资，日工资按21天折算，时工资按8小时折算。

（二）技能工资

技能工资根据表2-5、表2-6的有关数据填列。

（三）岗位工资

岗位工资根据表2-3、表2-4的有关数据填列。

（四）工龄工资

工作年限增加一年，工龄工资增加30元。

（五）夜班费

按企业自行规定，每个夜班发放补助50元。

（六）支边费

包头市属于二类边境地区，参考费用为80～200元。该企业每月发放150元。

（七）交通通讯补贴

1.正厂长、书记发放800元。

2.副厂长、副书记发放700元。

3.正科级干部、高级技师发放650元。

4.副科级干部、技师发放600元。

5.科员、工人发放550元。

（八）加班工资

节日加班，每天按日工资的300%计算；假日工资，每天按日工资的200%计算；加点工资，按时工资的150%计算。

（九）病、事假，旷工

1.工龄十年以下，发放标准工资的75%；工龄十年至二十年，发放标准工资的80%；工龄二十至三十年，发放标准工资的90%；工龄三十年以上，发放全额标准工资。

注：旷工扣除该日全部工资。

2.工伤、产假、婚假、探亲假一律不扣。

（十）代扣款项

1.三险一金个人负担比例为：养老保险8%、失业保险1%、医疗保险2%、住房公积金12%，职业年金4%。

2.个人所得税按国家现行办法执行。

3.本月应扣除代垫住院费：刘春晓2000元、赵玉兰2000元。如本月不足扣款，下月继续扣除。

第三篇

会计核算岗位实训模块

项目一
会计核算岗位实训理论

项目目标

　　熟知会计核算模块的概念、目的和要求，理解会计核算的内容和基本程序，完成对模拟环境的体验，掌握建账、立账操作技能。

任务一　会计核算模块的概念、目的及要求

【实训任务】

　　通过学习，了解会计核算模块实训的概念、目的及要求；知晓本实训课程对实训过程的具体要求。

【任务解析】

　　1.会计核算模块的概念；

　　2.会计核算模块的目的及要求。

【实训教学内容】

　　一、会计核算模块的概念

　　会计核算模块是指会计核算教学中，模拟一个企业真实的会计核算岗位，从建账，取得、编制原始凭证，编制记账凭证，登记账簿，到编制会计报表，都是以仿真的形式加以完成的教学操作模块，旨在培养学生对各种经济业务的识别判断，并运用相应的会计核算程序进行会计处理的实际操作能力，发挥学生的主观能动性，提高学生的岗位职业能力。

　　二、会计核算的目的及要求

　　（一）目的

　　1.按岗位进行实践教学，将理论同实践结合，增强财务人员的独立工作能力。

　　2.严格要求基本技能训练，培养一名会计人员应具备的认真细致、兢兢业业、踏实肯干的工作作风。

　　3.从实践出发，提高学生的学习兴趣，极大调动其学习积极性，从而形成真正的岗位职业能力。

（二）要求

1.每位操作者必须清楚训练目的，按照岗位模块的目的层次，做好预习、复习，准备好相关的参考书籍及资料。

2.采用财务部门实际使用的会计凭证、账簿及有关结算单据，从实践出发，严肃认真地进行操作。

3.每位操作者都要按照规定书写文字、数字，填制会计凭证。在具备条件的情况下，手工操作完成后，可通过电算化软件进行账务处理的操作练习。

4.加强实务操作过程中会计资料的整理、保管的教育培训。

5.按照所学理论知识，依据提供的会计资料及核算模块要求的账务处理程序进行操作练习。

三、会计核算模块的内容及程序

1.建立账簿体系，即建账。

2.经济业务的发生或完成，即审核、填制原始凭证。

3.经济业务的整理分类，即编制记账凭证。

4.经济业务的记录，即登记账簿。

5.检查修正，即更正错误。

6.加总计算，即结账。

7.试算平衡，即检查验证。

8.提供信息，即编制会计报表。

任务二　案例企业基本情况

【实训任务】

通过介绍，对本实训教程的案例企业的基本情况有所了解，同时给出实训所需经济业务的文字资料，为实际操作做准备。

【任务解析】

1.模拟企业的基本情况；

2.会计核算模块资料供应计划；

3.建账操作。

【实训教学内容】

一、会计核算操作模拟企业的基本情况

（一）企业概况

包头飞龙变压器股份有限责任公司（简称包头飞龙公司）是一个小型股份制企业，实行独立核算，自负盈亏，生产S9系列电力变压器，S9-M系列干式变压器和特殊变压器，三大系列20多个品种产品，拥有固定资产1600多万元，流动资产430多万元，产品

销往全国各地。厂内管理实行以销定产，产品质量分工序检验，产品消耗实行定额管理，资金使用实行计划监管，产品成本集中于厂部核算。全厂171人，车间管理人员21人，行政管理服务人员48人，设厂办、党政、财务科、生产经营科、技术开发科、劳资科、设备质检科、保卫科、招待所共9个科室，设三个基本生产车间，包括一车间（铁芯）、二车间（器身）、三车间（装配）。

（二）生产流程简介

一车间：投入钢材等原料，生产铁芯，转入三车间。

二车间：投入钢材等原料，加工成器身，转入三车间。

三车间：投入铁芯和器身部件，组装成变压器，验收入库。

（三）账务处理规定

1.该股份有限公司采用科目汇总表核算形式分旬汇总登记总账，采用借贷记账法进行账务处理。

2.材料按照实际成本核算，发出材料按全月加权平均法计价，收入材料的总分类核算平时进行，发出材料的总分类核算月末汇总进行。

3.周转材料采用一次摊销法。

4.采用分类折旧率，计算提取固定资产折旧。

5.成本核算采用厂部集中进行。

6.主营业务成本结转，按全月加权平均法计价。

7.城市维护建设税和地方教育费附加月末计提，次月10日前交纳。

8.所得税率为25%，所得税月末计算，次月10日前交纳。

9.长期借款为一次还本付息。

10.本月按市供电局要求限电生产，鉴于年度生产任务已经完成，公司董事会决定12月份实行计划内停产，进入设备维护阶段，生产车间发生的各项费用通过"停工损失"核算。

11.工会经费2%，职工教育经费2.5%，按预计比例计提。

12.短期借款的利息支出，于12月末支付并列支。

（四）会计核算单位及开户行账号

独立会计核算单位名称为：包头飞龙变压器股份有限责任公司（简称包头飞龙公司）

开户账号：0603020090012345678

企业代号：04839

税务登记号：150204114395031

（五）财务科人员配置及分工

王洋	主管会计（财务科科长）	李莉	保管员
刘芳	会计	许华	收款员
苏琴	出纳	杨静	开票人

（六）有关表格

12月份产品销售单价

产品名称	销售单价	产品名称	销售单价
S9-50/10	20763	S9-M-50/10	19998
S9-100/10	31296	S9-M-80/10	26826
S9-160/10	43491	S9-S-1000/35	981280
S9-250/10	57987	S9-S-2000/35	312819
S9-315/10	63294		

本年利润二级明细账累计发生额

借方发生额	主营业务成本	51530259.88
	其他业务成本	1316399.25
	税金及附加	1264724.32
	管理费用	2976535.11
	销售费用	1206285.92
	财务费用	2221978.73
	营业外支出	39970.37
	所得税费用	2360496.73
贷方发生额	主营业务收入	68236215.83
	其他业务收入	1583182.36
	投资收益	100000
	营业外收入	78742.31

库存商品明细账期初余额

产品名称	计量单位	数量	单位成本	总成本	账页格式
S9-50/10	台	70	13842	968940	数量金额式
S9-100/10	台	65	20860	1355900	数量金额式
S9-160/10	台	70	28995	2029650	数量金额式
S9-250/10	台	40	38658	1546320	数量金额式
S9-315/10	台	40	42196	1687840	数量金额式
S9-M-50/10	台	30	13332	399960	数量金额式
S9-M-80/10	台	45	17848	803160	数量金额式
S9-S-1000/35	台	2	450480	900960	数量金额式
S9-S-2000/35	台	5	208400	1042000	数量金额式

总账及明细账期初余额表

序号	总账科目	明细科目	方向	余额	账页格式
1	库存现金	库存现金	借	4500.00	
2	银行存款	银行存款	借	4341028.18	
3	应收账款		借	9494867.00	
		银川供电局	借	1421990.00	
		包头供电局物资公司	借	5361277.00	
		大同电力公司	借	431446.00	
		榆林电力设备有限公司	借	2280154.00	
4	其他应收款		借	18000.00	
		经营科(李杰)	借	8000.00	
		厂部(谭红)	借	10000.00	
		李红		0	
5	原材料		借	1142667.96	
		钢材	借	722190.48	
	略	铜材	借	225463.80	
		辅助材料	借	27101.61	
		电器材料	借	3810.00	
		绝缘体	借	48853.68	
		标准件	借	7864.50	
		汽配件	借	47720.97	
		其他	借	59662.92	
6	在途物资		借	160000.00	
7	周转材料		借	90000.00	
8	库存商品		借	10734730.00	
		S9-50/10	借	968940.00	
		S9-100/10	借	1355900.00	
		S9-160/10	借	2029650.00	
		S9-250/10	借	1546320.00	
		S9-315/10	借	1687840.00	
		S9-M-50/10	借	399960.00	
		S9-M-80/10	借	803160.00	
		S9-S-1000/35	借	900960.00	
		S9-S-2000/35	借	1042000.00	

续表

序号	总账科目	明细科目	方向	余额	账页格式
9	长期股权投资		借	985200.00	
10	固定资产		借	16284532.50	
11	累计折旧		贷	5100550.77	
12	无形资产		借	540000.00	
13	累计摊销		贷	108000.00	
14	待处理财产损溢			0	
15	短期借款		贷	564000.00	
16	应付票据		贷	6987782.10	
17	应付账款		贷	5672952.59	
		浙江一标紧固件厂	贷	100000.00	
		内蒙古变压器公司	贷	1086708.16	
		大连金川公司	贷	2268460.14	
		包钢物资公司	贷	387999.94	
		保定联谊电磁线厂	贷	311323.43	
		湖南礼陵电器公司	贷	420000.00	
		呼市大华电器设备厂	贷	422704.57	
		吉林梅河口公司	贷	675756.35	
		包头供电局	贷	0	
18	预收账款		贷	139037.00	
19	应付职工薪酬		贷	1320730.67	
		工资	贷	639777.00	
		职工福利费	贷	0	
		社会保险费	贷	34485.18	
		住房公积金	贷	68970.36	
		工会经费和职工教育经费	贷	456800.00	
		设定提存计划	贷	120698.13	

序号	总账科目	明细科目	方向	余额	账页格式
20	应交税费		贷	401575.20	
		应交增值税	贷	305604.01	
		应交企业所得税	贷	18680.57	
		应交个人所得税	贷	46730.22	
		应交城建税	贷	21392.28	
		应交教育费附加	贷	9168.12	
21	应付股利			0	
22	其他应付款		贷	50000.00	
23	长期借款		贷	2389830.97	
24	长期应付款		贷	835834.61	
25	实收资本		贷	9986636.00	
26	资本公积		贷	1147214.28	
27	盈余公积		贷	1331891.26	
28	本年利润		贷	7081490.19	
29	利润分配		贷	678000.00	
		未分配利润	贷	678000.00	
		应付股利		0	
		提取法定盈余公积		0	
		提取任意盈余公积		0	
30	停工损失				
31	制造费用				
32	主营业务收入				
		S9-50/10			
		S9-100/10			
		S9-160/10			
		S9-250/10			
		S9-315/10			
		S9-M-50/10			
		S9-M-80/10			
		S9-S-1000/35			
		S9-S-2000/35			

续表

序号	总账科目	明细科目	方向	余额	账页格式
33	主营业务成本				
		S9-50/10			
		S9-100/10			
		S9-160/10			
		S9-250/10			
		S9-315/10			
		S9-M-50/10			
		S9-M-80/10			
		S9-S-1000/35			
		S9-S-2000/35			
34	其他业务收入				
35	其他业务成本				
36	税金及附加				
37	管理费用				
38	财务费用				
39	销售费用				
40	营业外收入				
41	营业外支出				
42	投资收益				
43	所得税费用				
44	以前年度损益调整				

（七）操作资料供应表

会计核算操作资料供应计划

品名	单位	供应量	品名	单位	供应量
总账	张	23	转账凭证	张	60
日记账	张	3	科目汇总表	张	4
三栏账	张	25	所得税申报表	张	1
多栏账	张	1	增值税申报表	份	1
数量金额账页	张	5	凭证封皮	套	1
主营业务收入账页	张	5	账皮	套	1
主营业务成本账页	张	5	档案袋		1
增值税专用账页	张	2			
收款凭证	张	16			
付款凭证	张	30			

二、建账操作

（一）设置会计账簿

若为新筹建企业，建账需开展如下工作：

1.考虑设置会计机构、会计人员，建立岗位责任制。

2.根据会计准则、会计制度制定本企业的财务会计制度。

3.设置会计核算程序。

4.设置会计账簿，建立新账。

5.在企业所在地选择银行开立银行账户，并与之建立信贷关系，取得有关结算用空白票据。

6.在税务机关办理税务登记，取得合法空白发票、收据等单据。

7.在公安机关登记，刻制财务专用印章。

8.购置会计工作所需的办公用品及有关凭证。

（二）建账要求

1.账簿设置应根据会计支付、管理需要和实际经济业务需要及会计核算形式确定。

2.账簿设置种类为总账、明细账、日记账、备查账。账页装订形式：日记账为订本式、三栏式，其他账等根据需要确定。

3.总账根据一级会计科目设置，明细账根据二级科目或明细科目设置。

4.登记账簿，必须根据审核无误的记账凭证进行登记。总账登记时间间隔越短越好，明细账应短于总账登记的时间，日记账要逐日逐笔登记，每日业务终了时应结出余额。登记账簿必须用蓝黑墨水，占格1/2或1/3。

4.账簿登记发生错误时严禁涂改、挖补、刮擦或用药物消除字迹，应根据错误的原因不同选用画线更正法、补充登记法或红字冲销法更正。

（三）会计账簿的设置、建账及立账

根据模拟企业12月1日总账及明细账期初余额，按要求选择适当账簿，建立总账及明细账，建账后进行试算平衡。

项目二
购货与应付款业务

任务 购货与应付款业务实训

【实训任务】

通过学习，掌握企业购货与应付款业务的基本流程、应设账户、相关凭证及账务处理。

【任务解析】

1.购货与应付款业务的概念；

2.购货与应付款业务的流程及业务凭证；

3.购货与应付款业务的应设账户；

4.购货与应付款业务的账务处理；

5.购货与应付款业务的文字资料。

【实训教学内容】

一、基本理论知识

（一）购货与应付款项业务的概念

1.购货与应付款项业务

购货与应付款项业务是指因购买存货、其他资产或劳务用于生产储备或销售过程，从而形成支付货款或形成负债的业务活动。

2.应付款项

应付款项是指因购买商品、材料物资和接受劳务供应等而应支付的款项，包括应付账款、应付票据、预收账款、其他应付款、应付职工薪酬、应交税费、短期借款、长期借款等。其中：应付账款、应付票据属于金额确定的一种流动负债；其他应付款用来核算企业除应付票据、应付账款、预收账款、应付职工薪酬、应交税费、应付股利等经营活动以外的其他各项应付、暂收的款项，如应付租入包装物押金、存入保证金等；应交税费反映增值税、所得税等的计算和交纳情况，属于视企业生产经营情况而定的流动负债；长（短）期借款反映企业取得长（短）期借款以及偿还情况。

（二）购货与应付款项业务的流程及业务凭证

1.业务流程

（1）请购商品或劳务。首先由材料使用部门或接受劳务部门提出，请购该种材料或劳务的请购单由主管领导批复后，报供应部门由其形成订购单，最后由采购部门负责采购。

（2）采购部门接到采购单负责采购，直至商品运达企业。由仓库管理人员验单验货，审核无误，将有关凭证传递给财务部门办理有关结算手续，形成库存。由库管负责实物结算、财务负责价值结算，同时登记入账，依据结算关系编制付款或转账凭证。

（3）付款活动。财务部门收到采购部门返回的有关凭证后，或直接付款，如采取支票、银行汇票、银行本票等结算方式，或形成负债，如采取应付账款、应付票据结算方式。

2.主要业务凭证

购货与应付款项的主要业务凭证包括请购单、订购单、验收单、供应商发票、付款凭单等。

（三）购货与应付款项业务应设置的账户

购货与应付款项业务应设置的账户包括原材料、周转材料、应付账款、其他应付款、预收账款、应付职工薪酬、应交税费、应付票据等。

（四）购货与应付款项业务的账务处理

1.购货验收入库并支付款项或形成负债。

2.形成其他负债与负债的偿还。

二、操作实务及相关资料

1.冲销暂估入账标准件2704.57元（浙江一标紧固件厂）。

2.冲销暂估入账辅料4284元（大连金川公司）。

3.购买耐油胶条，款未付（大连金川公司）。见凭证3-2-1、3-2-2。

4.购鱼，给职工发放福利。见凭证3-2-3、3-2-4、3-2-5。

5.购买槽钢，开出商业承兑汇票（包钢物资公司）。见凭证3-2-6、3-2-7、3-2-8。

6.购买磷铜焊条，款未付（吉林海河口公司）。见凭证3-2-9、3-2-10、3-2-11。

7.向银行借款。见凭证3-2-12。

8.支付三险。见凭证3-2-13。

9.购买扁钢，款未付（包钢物资公司）。见凭证3-2-14、3-2-15。

10.支付住房公积金。见凭证3-2-16。

11.交电费（包头供电局）。见凭证3-2-17、3-2-18。

12.发工资。见凭证3-2-19、3-2-20。

13.购买紫铜棒（天津旭华金属结构件厂）。见凭证3-2-21、3-2-22、3-2-23、3-

2-24、3-2-25。

　　14.购买绝缘体瓷套（萍乡通达电器厂）。见凭证3-2-26、3-2-27、3-2-28、3-2-29、3-2-30。

　　15.购买电器材料，款未付（湖南礼陵电器公司）。见凭证3-2-31、3-2-32、3-2-33、3-2-34。

　　16.购买绝缘体纸板，款未付（保定联谊电磁线厂）。见凭证3-2-35、3-2-36、3-2-37、3-2-38。

　　17.购买纸包扁铜线，款未付，货未到（呼市大华电器设备厂）。见凭证3-2-39。

　　18.购买标准件，款未付（浙江一标紧固件厂）。见凭证3-2-40、3-2-41。

　　19.支付前欠货款（大连金川公司）。见凭证3-2-42。

　　20.在途材料入库（纸包扁铜线）。见凭证3-2-43。

　　21.支付前欠货款（内蒙古变压器公司）。见凭证3-2-44。

　　22.分配工资。见凭证3-2-45。

　　23.计提工会经费及职工教育经费。见凭证3-2-46。

　　24.计提三险一金。见凭证3-2-47。

项目三
销货与应收款业务

任务　销货与应收款业务实训

【实训任务】

通过学习，掌握企业销货与应收款业务的基本流程、应设账户、相关凭证及账务处理。

【任务解析】

1.销货与应收款业务的概念；

2.销货与应收款业务的流程及业务凭证；

3.销货与应收款业务的应设账户；

4.销货与应收款业务的账务处理；

5.销货与应收款业务的文字资料。

【实训教学内容】

一、基本理论知识

（一）基本概念

1.销售商品的概念

销售商品是指包括取得货币资产方式的销售及正常情况下以商品抵偿债务的交易，不包括非货币交易、期货、债务重组中的销售商品交易。企业销售的其他存货如原材料、包装物等也视同销售商品。对于企业以产品进行投资、捐赠及自用等，会计上作为视同销售商品处理。

2.销售商品收入的确认

在不同的销售方式和结算方式下，销售商品收入实现的标志也不同。

（1）一般销售（区别于分期收款销售和委托代销）方式下，采用现金结算方式收取货款的，以收到现金或发出商品作为收入实现的标志。

（2）采用托收承付和委托收款方式收取货款的，以发出商品并办妥托收手续作为收入实现的标志。

（3）采用商业汇票结算方式收取货款的，以发出商品、收到已承兑的商业汇票作为收入实现的标志。

（4）采用支票、银行本票、商业汇票、汇兑等结算方式收取货款的，以收到支票、本票、汇票或发出商品作为收入实现的标志。

3.应收款项的概念

（1）应收账款是企业因日常销售商品或提供劳务而形成的债权。具体是指企业日常销售商品或提供劳务过程中，应向购货的客户或接受劳务的客户收取的价款及垫付的有关费用等。

（2）应收票据是企业因销售商品、提供劳务等而收到商业汇票所形成的债权。商业汇票按承兑人不同分为由付款人承兑的商业承兑汇票和由银行承兑的银行承兑汇票。

（3）预付账款是企业按照购货（劳务）合同规定，预付给供应单位的款项。

（4）其他应收款是指企业非购销活动所支出的应收债权，即除应收账款、应收票据、预付账款等以外的各种应收、暂付款。

（二）销售商品业务活动及凭证

1.采用支票、银行本票、商业汇票结算方式（提货制）

（1）销售方业务部门开具产品出库单一式数联，留下存根联，凭第三联办理货款结算。财务部门留第二联，据以统计销售数量，第四联交仓库凭此提供货物。

（2）销售方财务部门收款后，开具发票，留下发票第一、四联和产品出库单记账联，发票第二、三联交购货方。

（3）仓库依据产品出库单第四联发货。

（4）销售方财务部门依据发票第四联及款项收取凭证，如现金存款凭证或转账支票送款簿进行财务处理。

（5）月末，财务部门依据产品出库单存根联，编制产品收发存计算表，结转销售商品成本。

2.采用银行本票、委托收款、托收承付、汇兑和商业汇票等结算方式（发货制）

（1）购销双方签订购销合同。

（2）销货方业务部门开具产品出库单一式数联，留下存根联。

（3）销货方财务部门依据购销合同和产品出库单第二联开发票，留下第一、四联，其余交购货方。

（4）仓储部门发运商品。

（5）销货方财务部门依据发票、产品出库单和代垫运费发票及购销合同，到开户银行办理委托收款手续，并进行账务处理。

（三）销货与应收款项业务应设置账户

1."主营业务收入"账户。

2."应收账款"和"应收票据"账户。

3."库存现金"和"银行存款"账户。

4."应交税费——应交增值税"账户。

5."其他业务收入"账户。

6."主营业务成本"账户。

7."税金及附加"账户。

8."其他业务成本"账户。

（四）销货及应收款项的账务处理

1.销售产品账务处理。

2.其他销售账务处理。

3.应收款项的核算。

4.销售税金的核算。

二、操作实务及相关资料

1.销售 S9-M-50/10，10 台；S9-M-80/10，20 台；款未收。见凭证 3-3-1、3-3-2、3-3-3。

银川供电局：

税务登记号：513670890000123　地址：银川市万柏区西城路 102 号

开户银行及账号：工行万柏支行办事处　0200250401023421557

2.收回货款（包头供电局）。见凭证 3-3-4。

3.交税。见凭证 3-3-5、3-3-6。

4.支付工会经费。见凭证 3-3-7。

5.收回货款（银川供电局）。见凭证 3-3-8。

6.销售 S9-250/10，30 台；S9-50/10，20 台；

S9-100/10，40 台；S9-160/10，50 台（银川供电局），

款未收。见凭证 3-3-9、3-3-10。

7.收回货款（大同电力公司）。见凭证 3-3-11。

8.销售 S9-100/10，15 台，款未收，运费本单位承担以支票支付运费（大同电力公司）。见凭证 3-3-12、3-3-13、3-3-14、3-3-15、3-3-16。

9.销售 S9-100/10，3 台；S9-50/10，5 台，收现金（普通发票）。见凭证 3-3-17、3-3-18。

宏发机电经销部

税务登记号：150204637981062　地址：包头市青山区向阳路 129 号

开户银行及账号：工行向阳路办事处　0713564897

10.存现。见凭证3-3-19。

11.收欠款（榆林电力）。见凭证3-3-20。

12.销售S9-S-1000/35，1台；S9-S-2000/35，2台，款未收（包头供电局物资公司）。见凭证3-3-21、3-3-22、3-3-23。

包头供电局物资公司

税务登记号：150204789610010

地址：包头市青山区呼得木林大街8号

开户银行及账号：工行呼得木林办事处　0179564123

13.销售S9-250/10，10台；S9-50/10，20台；S9-315/10，15台，S9-160/10，10台，款未收（包头供电局物资公司）。

见凭证3-3-24、3-3-25、3-3-26、3-3-27。

14.销售S9-M-80/10，4台，收转账支票（包头大昌电器）。见凭证3-3-28、3-3-29、3-3-30。

包头大昌电器公司：

税务登记号：150204336812345，地址：包头市东河区公园路40号

开户银行及账号：工行公园路办事处，0587654123

15.销售S9-M-50/10，10台，S9-M-80/10，5台；S9-50/10，4台；S9-100/10，5台款未收（榆林电力）。见凭证3-3-31、3-3-32、3-3-33、3-3-34、3-3-35。

16.销售槽钢 收到支票（包头大昌电器公司）。见凭证3-3-36，3-3-37。

17.计算城建税及教育费附加。见凭证3-3-38。

18.结转已销商品成本。见凭证3-3-39。

19.结转发料成本。见凭证3-3-40。

项目四
成本费用业务

项目目标

掌握对成本费用经济业务的识别判断，具备进行相应会计处理的实际操作能力。

任务　成本费用业务实训

【实训任务】

通过学习，掌握企业成本费用经济业务的基本流程、应设账户、核算程序及账务处理。

【任务解析】

1.成本费用业务的核算内容；

2.成本费用业务的流程及业务凭证；

3.成本费用业务的应设账户；

4.成本费用业务的核算程序；

5.成本费用业务的文字资料。

【实训教学内容】

一、成本费用理论知识

（一）成本费用业务核算内容

1.成本费用的相关概念

（1）成本的概念；

（2）费用的概念。

2.成本费用核算的内容

成本费用核算包括生产成本核算和期间费用核算。

（二）成本费用核算涉及的主要业务活动及主要业务凭证

1.主要业务活动

（1）计划和安排生产；

（2）发出原材料；

（3）生产产品；

（4）核算产品成本；

（5）储存产成品；

（6）发出产成品。

2.主要业务凭证

（1）生产指令；

（2）领、发料凭证；

（3）产量和工时记录；

（4）工资汇总表及人工费用分配表；

（5）材料费用分配表；

（6）制造费用分配汇总表；

（7）成本计算单。

（三）需设置的账户

本核算模块在成本费用操作上需设置如下账户：生产成本、管理费用、销售费用、财务费用、制造费用、停工损失、库存商品总账及相关明细账。

（四）成本费用核算程序

1.各项生产费用的归集与分配。

2.各种产品及其他成本对象的总成本和单位成本的计算。

注：本模块由于限电计划内停产，本月不需计算产品成本，生产车间发生的各项费用，通过停工损失核算。

二、实务及相关资料

1.购买办公用品。见凭证3-4-1、3-4-2、3-4-3。

2.李红预借差旅费。见凭证3-4-4、3-4-5。

3.支付保险费。见凭证3-4-6、3-4-7。

4.谭红报销差旅费。见凭证3-4-8、3-4-9、3-4-10、3-4-11、3-4-12、3-4-13。

5.支付短期借款利息。见凭证3-4-14。

6.支付汽车修理费。见凭证3-4-15、3-4-16。

7.支付招待费。见凭证3-4-17。

8.支付广告费。见凭证3-4-18、3-4-19。

9.取得利息收入。见凭证3-4-20。

10.报销差旅费。见凭证3-4-21、3-4-22、3-4-23、3-4-24、3-4-25、3-4-26、3-4-27。

11.购买劳保用品。见凭证3-4-28、3-4-29。

12.支付设备维修费。见凭证3-4-30、3-4-31。

13.支付汽油费。见凭证3-4-32。

14.计提折旧。见凭证3-4-33。

15. 摊销无形资产价值。见凭证3-4-34。

16. 分配电费。见凭证3-4-35。

17. 分配制造费用。见凭证3-4-36。

项目五
固定资产与无形资产业务

项目目标

掌握对固定资产及无形资产经济业务的识别判断，具备进行相应会计处理的实际操作能力

任务　固定资产与无形资产业务实训

【实训任务】

通过学习，掌握企业固定资产及无形资产经济业务的基本流程、应设账户及账务处理。

【任务解析】

1.固定资产及无形资产业务的核算内容；

2.固定资产及无形资产业务的流程及业务凭证；

3.固定资产及无形资产业务的应设账户；

4.固定资产及无形资产业务的账务处理；

5.固定资产及无形资产业务的文字资料。

【实训教学内容】

一、基本理论知识

（一）固定资产业务核算内容

1.概念、分类及评价

（1）概念

固定资产是指同时具有以下特征的有形资产：①为生产商品、提供劳务出租或经营管理而持有；②使用寿命超过一个会计年度。

（2）分类

按固定资产的经济用途不同，可分为生产经营用固定资产和非生产经营用固定资产。

按固定资产的使用情况分为使用中固定资产、未使用固定资产和不需用固定资产。

也可以综合分为生产经营用固定资产、非生产用固定资产、租出固定资产、不需用固定资产、未使用固定资产、土地、融资租入固定资产。

（3）计价

固定资产的价值包括原始价值、重置价值、折余价值。

2.主要业务活动及相关凭证

（1）固定资产的取得

固定资产的取得方式可以是外购、自行建造、接受投资、接受捐赠、盘盈等。无论何种方式取得，均应填制固定资产移交单，办理验收交接手续，连同其他相关凭证，如"购货发票"等，办理入账手续。

（2）固定资产的折旧

企业应根据经营管理的需要和固定资产的特征选择恰当的折旧计算方法计提固定资产折旧，计提折旧时，应编制固定资产折旧计算表。

（3）固定资产的修理

固定资产的修理费按照使用部门计入管理费用或销售费用。

（4）固定资产的处置

企业出售、报废、损毁的固定资产，通过固定资产清理核算，清理的净损益计入当期营业外收支、固定资产发生变动，需由相关部门提出报告，经审核批准方可执行。对固定资产的减少，应在有关账、卡上做出相应的注销处理。

（5）固定资产的盘点

对于固定资产盘盈及盘亏情况，根据固定资产盘点报告单及批复意见做出相应的账务处理。

3.应设账户

（1）"固定资产"账户；

（2）"在建工程"账户；

（3）"工程物资"账户；

（4）"累计折旧"账户；

（5）"固定资产清理"账户；

（6）"以前年度损益调整"账户。

4.会计处理

（1）固定资产的取得；

（2）固定资产的折旧；

（3）固定资产的修理；

（4）固定资产的处置；

（5）固定资产的盘点。

（二）无形资产业务核算内容

1.概念

无形资产是指企业拥有或者控制的没有实物形态的可辨认非货币性资产。

2.主要业务活动及相关凭证

（1）无形资产的取得

①购入无形资产，应有相应的付款凭证及对方开具的发票。

②接受投资者投入的无形资产，应有投资者提供的相关发票或凭证。

③接受捐赠的无形资产应有捐赠方提供的相关凭据，若支付相关税费，还应有付款凭据。

④自行研究开发的无形资产，应将发生费用区分为研究阶段和开发阶段。

（2）无形资产的摊销

企业应当于取得无形资产时分析判断其使用寿命，使用寿命有限的无形资产应进行摊销，使用寿命不确定的无形资产不应摊销。

（3）无形资产的处置

企业处置无形资产，应当将取得的价款扣除该无形资产账面价值以及出售相关税费后的差额计入营业外收入或营业外支出。

注：无形资产的账面价值是无形资产账面余额扣减累计摊销和累计减值准备后的金额。

①无形资产的出售，应有相关的收款凭据，如支票、销售发票等。

②无形资产的出租，应有相应的租赁合同，租金收入应有收款凭据。

③以无形资产对外投资，应获取长期股权投资证明。

3.应设账户

（1）"无形资产"账户；

（2）"累计摊销"账户；

（3）"营业外收入"账户；

（4）"营业外支出"账户。

4. 会计处理

（1）无形资产的取得；

（2）无形资产的摊销；

（3）无形资产的处置。

二、操作事务及相关资料

1.购买设备。见凭证3-5-1、3-5-2、3-5-3、3-5-4、3-5-5、3-5-6。

2.固定资产盘亏。见凭证3-5-7。

3.固定资产盘盈。见凭证3-5-8。

项目六
利润及所有者权益业务

任务　利润及所有者权益业务实训

【实训任务】

通过学习，掌握企业利润及所有者权益经济业务的基本流程、应设账户、相关凭证及账务处理。

【任务解析】

1.利润及所有者权益业务的核算内容；

2.利润及所有者权益业务的流程及业务凭证；

3.利润及所有者权益业务的应设账户；

4.利润及所有者权益业务的账务处理；

5.利润及所有者权益业务的文字资料。

【实训教学内容】

一、基本理论知识

（一）利润形成

1.概述

利润是指企业在一定会计期间的经营成果，包括营业利润、利润总额和净利润。

营业利润=营业收入-营业成本-税金及附加-销售费用-管理费用-财务费用-资产减值损失+公允价值收益（-损失）+投资收益（-损失）

利润总额=营业利润+营业外收入-营业外支出

净利润=利润总额-所得税-费用

2.主要业务活动及相关凭证

（1）投资收益（略）。

（2）营业外收支。

①营业外收入是指企业发生的与其生产经营无直接关系的各项利得，包括债务重组利得、与企业日常活动无关的政府补助、捐赠利得、罚款净收入、确实无法支付的应付账款等。相关的凭证有专用收据、出售发票等。

②营业外支出是指企业发生的与其生产经营无直接关系的各项损失，如债务重组损失、非常损失、非流动资产毁损报废损失、罚款支出、公益性捐赠支出等。相关的凭证有出售发票、专用收据等。

（3）月末结转损益类账户余额至"本年利润"账户。

（4）计算结转所得税费用。

3.应设账户

（1）"投资收益"账户；

（2）"营业外收入"账户；

（3）"营业外支出"账户；

（4）"本年利润"账户；

（5）"所得税费用"账户。

4.会计处理

（1）发生营业外收支，列入"营业外收入"贷方及"营业外支出"借方。

（2）结转损益账户余额，将收入类账户余额转至"本年利润"贷方，将支出类账户余额转至"本年利润"借方。

（3）计算应交所得税，借记"所得税费用"，贷记"应交税费——应交所得税"，结转所得税费用，转至"本年利润"借方。

（二）利润分配

1.企业本年实现的净利润加上年初未分配利润为可供分配的利润。

2.主要业务活动

（1）提取盈余公积；

（2）计算应付股利或应付利润；

（3）结转本年利润及利润分配其他明细账余额，计算未分配利润。

3.应设账户

（1）利润分配——提取法定盈余公积

　　　　　　——应付股利（应付利润）

　　　　　　——未分配利润

　　　　　　——提取任意盈余公积

（2）"盈余公积"账户

（3）"应付股利"（应付利润）账户

（三）所有者权益（略）

1.捐赠。见凭证3-6-1、3-6-2。

2.支付税收罚金。见凭证3-6-3、3-6-4。

3.将无法支付的应付账款转为营业外收入。见凭证3-6-5。

4.结转停工损失。见凭证3-6-6。

5.结转损益类账户。见凭证3-6-7。

6.计算、结转应交所得税。见凭证3-6-8。

7.提取盈余公积。见凭证3-6-9。

8.计算应付股利。

9.结转本年利润和利润分配其他明细账余额。见凭证3-6-10。

项目七
会计报表

项目目标

深化对会计报表的认识，掌握会计报表的编制方法及原理。

任务 会计报表编制实训

【实训任务】

通过学习，掌握企业会计报表的基本内容和格式以及编制方法。

【任务解析】

1.资产负债表的内容格式及编制方法；

2.利润表的内容格式及编制方法；

3.会计报表的实务操作；

4.纳税申报操作。

【实训教学内容】

一、概述

会计报表是财务会计报告的主体和核心，主要包括资产负债表、利润表、现金流量表及相关附表。

1.资产负债表

（1）内容和格式

资产负债表是反映企业在某一特定日期财务状况的报表，资产负债表采用账户式结构，报表分为左右两方。

（2）编制方法

①年初余额根据上年末资产负债表"期末余额"填列。

②期末余额根据总账余额直接填列，或根据总账或明细账的余额合并计算填列。

2.利润表

（1）内容和格式

利润表是反映企业一定会计期间经营成果的报表，企业利润表采用多步式结构。

（2）编制方法

①本期金额根据各项目的本期实际发生数填列。

②本年累计金额根据上月"本年累计金额"加"本期金额"填列。

3.利润分配表（略）

二、会计报表实务操作

1.根据飞龙公司12月末账户余额编制资产负债表。见凭证3-7-1。

2.根据飞龙公司损益账户发生额编制利润表。见凭证3-7-2。

3.根据飞龙公司利润表资料编制利润分配表。

三、纳税申报操作

1.根据12月所得税资料编制所得税纳税申报表。

2.根据12月增值税资料编制增值税纳税申报表。见凭证3-7-3。

3.其他纳税申报表。

项目八

实训案例企业经济业务

项目目标

　　根据项目一、项目二、项目三、项目四、项目五、项目六、项目七的企业案例、企业常规经济业务及会计核算工作流程，全部用原始凭证来反映经济业务活动内容，其中来自企业外部和内部的部分原始凭证需要在给出的空白凭证上自行填制，填制完成后进行相应的会计处理。

任务　案例企业经济业务实训

【实训任务】

　　采用会计核算实训操作流程，全真训练会计经济业务处理，掌握会计职业能力。

【任务解析】

　　根据项目一、项目二、项目三、项目四、项目五、项目六、项目七的企业案例资料完成相应会计处理。

【实训教学内容】

<业务三>

3-2-1

辽宁增值税专用发票　　№ 375421

100088620

开票日期：20　年12月04日

购货单位	名　称：	包头飞龙公司				密码区	675+9+459+49*44-6+4523*/74+15*4/*44816* 41/951918*1891628*1928/*1/2*15467767///5 /*9484958+++95+4884-66-4924-4954*-9
	纳税人识别号：	150204114395031					
	地址、电话：	青山赛宣道100号5241086					
	开户行及帐号：	工行青山支行 0603020090012345678					

货物成应税劳务名称	规格型号	单位	数量	单价	金　额	税率	税　额
耐油胶条		公斤	153	28.00	4284.00	17%	728.28
合　计					￥4284.00		￥728.28

价税合计（大写）　⊗伍仟零壹拾贰元贰角捌分　　　　　（小写）￥5012.28

销货单位	名　称：	大连金川公司		备注	
	纳税人识别号：	376401258392701			
	地址、电话：	黑石礁127号　8899567			
	开户行及帐号：	工行人民路支行 07031009007231457			

收款人：常林　　复核：鲁玉　　开票人：张利　　（章）

3-2-2

材料验收入库单

凭证编号：
仓库编号：2

供应人：大连金川公司　　　20　年　12月　04日

增值税 728.28	发票号 375421	验收日期	20　年12月04日	存放地点	2号仓库	附件份数	1 份

材料编号	材料名称	规格	型号	单位	数量		计划单价		实际单价	
					凭证	实收	单价	总价	单价	总价
	耐油胶条			千克	153	153			28.00	4284.00

差　异		备注	

财务处长　　　供应科长　　　仓库主管　　　验收保管 刘芳　　检验 李莉　　采购经办 张元

<业务四>

3-2-3

3-2-4

3-2-5

职工福利发放表

20　　年12月4日

类　别	数量(单位:千克)	单价(单位:元)	金额(单位:元)
行政管理人员	700	10	7000
车间管理人员	310	10	3100
车间生产工人	1490	10	14900
合　计	2500		25000

<业务五>

3-2-6

3-2-7

| 中国工商银行 | | | | | | | | | | | | | | | | |

商业承兑汇票（存根） **3** A B 0 1

出票日期（大写） 年 壹拾贰 月 零伍 日

付款人	全称	包头飞龙公司		收款人	全称	包钢物资公司
	账号	0603020090012345678			账号	0603012092221345634
	开户银行	工行青山支行			开户银行	工行昆区支行

出票金额 人民币（大写）叁万贰仟伍佰陆拾玖元贰角整

亿	千	百	十	万	千	百	十	元	角	分
			¥	3	2	5	9	6	2	0

汇票到期日（大写）

付款人 行号 65456
开户行 地址 青山赛音道32号

交易合同号码 906—TB599

备注：

（包头飞龙公司财务专用章）（王龙飞印）

此联承兑人存查

3-2-8

材料验收入库单

凭证编号：
仓库编号：

供应人：包钢物资公司   20 年 12 月 05日

增值税 4736.2	发票号 32076	验收日期 20 年12月05日		存放地点 2号仓库		附件份数	1	份

材料编号	材料名称	规格	型号	单位	数量		计划单价		实际单价	
					凭证	实收	单价	总价	单价	总价
	槽钢			吨	10	10			2786.00	27860.00

差异   备注

财务处长   供应科长   仓库主管   验收保管 刘芳   检验 李莉   采购经办 张元

第三联 财务科核算

<业务六>

3-2-9

吉林增值税专用发票

4400033620　　　　　　　　　　№ 55220601

开票日期：20 年12月05日

购货单位	名　称：	包头飞龙公司
	纳税人识别号：	150204114395031
	地址、电话：	青山赛音道100号5241086
	开户行及帐号：	工行青山支行0603020090012345678

密码区：
675+9+459+49*44-6+4523*/74+15*4/*44816*
41/951918*1891628*1928/*1/2*15467767///5
/*9484958+++95+4884-59+95-4924-4954*-4

货物或应税劳务名称	规格型号	单位	数量	单价	金　额	税率	税　额
磷铜焊条		吨	1.2	60000.00	72000.00	17%	12240.00
合　　计					¥72000.00		¥12240.00

价税合计（大写）　⊗捌万肆仟贰佰肆拾元整　　　（小写）¥84240.00

销货单位	名　称：	吉林梅河口公司
	纳税人识别号：	220200136479854
	地址、电话：	星海路73号　82395146
	开户行及帐号：	中国农业银行人民路支行0403010080034567890

备注：

收款人：李园　　复核：张江　　开票人：张原　　销货单位：（章）

第三联：发票联　购货方记帐凭证

3-2-10

材料验收入库单

凭证编号：
仓库编号：

供应人：　　　　　20 年 12月 05日

增值税	发票号	验收日期 年 月 日		存放地点		附件份数	份

材料编号	材料名称	规格	型号	单位	数　量		计划单价		实际单价	
					凭证	实收	单价	总价	单价	总价
	磷铜焊条			吨	1.2	1.2			6000.00	72000.00

差　异　　　　备注：

财务处长　　供应科长　　仓库主管　　验收保管　　检验　　采购经办

第三联　财务科核算

3-2-11

<业务七>

3-2-12

中国银行　　　借款凭证（回单）

转账日期　20　年　12　月　06　日

借款单位名称	包头飞龙公司	纳税人识别号	150204114395031
放款账号	0603020090012345678	往来账号	0603020090012345678

借款金额 人民币（大写）壹拾万元整　　亿千百十万千百十元角分 ￥1 0 0 0 0 0 0 0

用 途	专项借款		利率	9%
单位提出期限	自 2016 年 12 月 6 日起至 2018 年 12 月 6 日止			
银行核定期限	自 2016 年 12 月 6 日起至 2018 年 12 月 6 日止			

上列款项已收入你方单位往来 此致
单位（银行盖章）

单位会计人员：
刘洋

偿还记录 / 偿还计划表

<业务八>

3-2-13

<业务九>

3-2-14

3-2-15

材料验收入库单

20 年 12 月 07 日

凭证编号：
仓库编号：2

供应人：包钢物资公司

增值税 246500.00	发票号 00768411	验收日期	20 年 12 月 07 日	存放地点	2号仓库		附件份数	1	份

材料编号	材料名称	规格	型号	单位	数量		计划单价		实际单价	
					凭证	实收	单价	总价	单价	总价
	扁钢			吨	1	1			1450000.00	1450000.00

差 异		备 注	

财务处长　　　供应科长　　　仓库主管　　　验收保管 刘芳　　　检验 李莉　　　采购经办 张元

第三联 财务科核算

<业务十>

3-2-16

住房公积金汇缴书

20 年 12 月 07 日

单位名称（公章）	包头飞龙公司			
单位登记号	440125647887782	资金来源：□财政统发☑非财政统发	汇缴 20 年 11 月份	

汇缴金额（大写）：拾叁万柒仟玖佰肆拾元柒角贰分　　　千 百 十 万 千 百 十 元 角 分　　¥ 1 3 7 9 4 0 7 2

	上月汇缴	本月增加	本月减少	本月汇缴
人 数	171	0	0	171
金 额	单位68970.36 个人68970.36	0	0	137940.72
缴款方式	□支票	□委托收款	□现金送款簿	☑汇款
票据号码		收款银行		
付款银行	工行青山支行			
付款账户	0603020090012345678			

<业务十一>

3-2-17

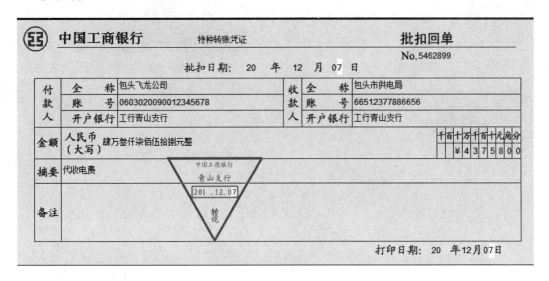

内蒙古增值税专用发票						No 9087650	
100093620						开票日期：20　年 12月07日	

购货单位	名　称：包头飞龙公司				密码区	/-**8+9*/89+545+*89565+6*/+ +*/89/9*+9/*+95+9/*5+455+68 -*/8+9586+54+*-/+9856+56+ */+9+47+9456+*-*9+56+56+99	第三联：发票联 购货方记帐凭证
	纳税人识别号：150204114395031						
	地址、电话：青山赛音道100号　5241086						
	开户行及帐号：工行青山支行　0603020090012345678						

货物或应税劳务名称	规格型号	单位	数量	单价	金额	税率	税额
工业电价		千瓦时	33400	1.00	33400.00	17%	5678.00
居民电价		千瓦时	8000	0.50	4000.00	17%	680.00
合　　计					¥37400.00		¥6358.00

价税合计（大写）	⊗肆万叁仟柒佰伍拾捌元整		（小写）¥43758.00	

销货单位	名　称：包头市供电局	备注	
	纳税人识别号：530102312337088		
	地址、电话：建设路8号电力大厦		包头市供电局 6332101983201 发票专用章 销货单位：李
	开户行及帐号：工行青山支行　66512377886656		

收款人：李伟　　　复核：黄雷　　　开票人：李南

3-2-18

中国工商银行	特种转账凭证	批扣回单
		No.5462899

批扣日期：　20　年　12　月　07　日

付款人	全　称	包头飞龙公司	收款人	全　称	包头市供电局
	账　号	0603020090012345678		账　号	66512377886656
	开户银行	工行青山支行		开户银行	工行青山支行

金额	人民币（大写）	肆万叁仟柒佰伍拾捌元整	千	百	十	万	千	百	十	元	角	分
						¥	4	3	7	5	8	0	0

摘要	代收电费

中国工商银行
青山支行
201 .12.07
转讫

备注	

打印日期：20　年12月07日

<业务十二>

3-2-19

部门	职工类别	人数	基本工资	出勤工资	岗位工资	岗位补贴	工龄补贴	效益工资	应发工资	代扣款项					实发工资
										养老	失业	医疗	公积金	个税	
厂办党政	管理人员	5	5200	250	9515	1200	950	13900	31015	2289.20	143.08	572.30	3433.80	2182.66	22393.96
财务科	管理人员	3	2800	150	3508	390	270	5500	12618	944.64	59.04	236.16	1416.96	698.44	9262.76
生产经营科	管理人员	14	9500	780	14250	1500	1050	23800	50880	3804	237.75	951	5706	2461.56	37719.69
技术开发科	管理人员	5	4100	280	7980	1300	1042	11200	25902	1862.40	116.40	465.60	2793.60	1865.36	18798.64
设备质检科	管理人员	8	4800	400	8100	2250	2000	16800	34350	2376	148,50	594	3564	2312.80	25354.70
劳资科	管理人员	3	3100	180	4500	750	558	5400	14488	1040	65	260	1560	627.31	10935.69
保卫科	管理人员	6	3900	270	7600	1780	1504	8500	23554	1600	100	400	2400	1979.08	17074.92
一车间	管理人员	10	10200	600	19800	2500	1900	20000	55000	4000	250	1000	6000	4200	39550
一车间	生产工人	45	41000	2250	40000	2800	5051	52300	143401	10664	666.5	2666	15996	10156.89	103251.61
二车间	管理人员	7	6800	420	13200	2200	1480	15000	39100	2800	175	700	4200	2554.57	28670.43
二车间	生产工人	33	28200	1650	26800	3100	3022	36800	99572	7344	459	1836	11016	7534	71383
三车间	管理人员	4	4100	400	7500	2800	3800	7700	26300	1544	96.5	386	2316	1890.33	20067.17
三车间	生产工人	24	19900	1450	17500	4200	4850	24300	72200	4936	308.5	1234	7404	7910.34	50407.16
招待所	管理人员	4	2300	420	2600	700	577	4800	11397	776	48.50	194	1164	356.88	8857.62
合计			145900	9500	182853	27470	28054	246000	639777	45980.24	2873.77	11495.06	68970.36	46730.22	463727.35

3-2-20

中国工商银行
支票存根
37065177
37080966
附加信息
出票日期 20　年 12 月 07 日
收款人　包头飞龙公司
金　额　¥463727.35
用　途　发工资
单位主管　王欣　会计　刘洋

<业务十三>

3-2-21

天津增值税专用发票

100078666　　　　　　　　　　　　　　№ 176814

开票日期：20　年12月07日

| 购货单位 | 名　称：包头飞龙公司 |
| 纳税人识别号：150204114395031 |
| 地址、电话：青山赛音道100号5241086 |
| 开户行及帐号：工行青山支行0603020090012345678 |

密码区：675+9+459+49*44-6+4523*/74+15*4/*44816* 41/951918*1891628*1928/*1/2*15467767///5 /*9484958+++95+4884-66-4924-4954*-9

货物或应税劳务名称	规格型号	单位	数量	单价	金额	税率	税额
紫铜棒		吨	1.75	29700.00	51975.00	17%	8835.75
合　计					¥51975.00		¥8835.75

价税合计（大写）　⊗陆万零捌佰壹拾元柒角伍分　　　（小写）¥60810.75

| 销货单位 | 名　称：天津旭华金属结构件厂 |
| 纳税人识别号：150207736103383 |
| 地址、电话：天津上海路7号　67338899 |
| 开户行及帐号：工行上海路支行0603012092221345634 |

备注：198355555983201

收款人：陈亮　　　复核：王飞　　　开票人：王珩

第三联：发票联　购货方记帐凭证

3-2-22

材料验收入库单

凭证编号：
仓库编号：

供应人：　　　　　　20　年12月8日

增值税	发票号	验收日期 年 月 日			存放地点	附件份数　　份

材料编号	材料名称	规格	型号	单位	数量 凭证	数量 实收	计划单价 单价	计划单价 总价	实际单价 单价	实际单价 总价
	紫铜棒			吨	1.75	1.75			29700.00	51975.00

差　异　　　备注：

财务处长　　供应科长　　仓库主管　　验收保管　　检验　　采购经办

第三联 财务科核算

3-2-23

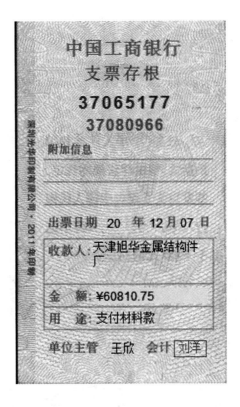

3-2-24

3-2-25

<业务十四>

3-2-26

3-2-27

材料验收入库单

20 年12 月 8 日

供应人：　　　　　　　　　　　　　　　　　　　　　凭证编号：
　　　　　　　　　　　　　　　　　　　　　　　　　仓库编号：

增值税	发票号	验收日期	年 月 日		存放地点	附件份数		份

材料编号	材料名称	规格	型号	单位	数量		计划单价		实际单价	
					凭证	实收	单价	总价	单价	总价
	绝缘体瓷套			套	550	550			15.00	8250.00

差　异　　　　　备注

财务处长　　供应科长　　仓库主管　　验收保管　　检验　　采购经办

第三联　财务科核算

3-2-28

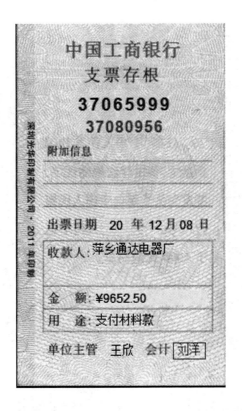

3-2-29

3-2-30

<业务十五>

3-2-31

湖南增值税专用发票

10222555　　　　　　　　　　　　　　№ 35671

开票日期：20　年12月08日

购货单位	名　称：包头飞龙公司	密码区	675+9+459+49*44-6+4523*/74+15*4/*44816*
	纳税人识别号：150204114395031		41/951918*1891628*1928/*1/2*15467767///5
	地址、电话：青山赛音道100号5241086		/*9484958+++95+4884-6-4833*-55
	开户行及帐号：工行青山支行0603020090012345678		

货物或应税劳务名称	规格型号	单位	数量	单价	金　额	税率	税　额
电器材料		件	100	92.00	9200.00	17%	1564.00
合　　计					￥9200.00		￥1564.00

价税合计（大写）　⊗壹万零柒佰陆拾肆元整　　　　　　　（小写）￥10764.00

销货单位	名　称：湖南礼陵电器公司	备注	湖南礼陵电器公司 3333010101983201 发票专用章 销货单 （章）
	纳税人识别号：430500123768312		
	地址、电话：礼陵沙滨路20号　6955855		
	开户行及帐号：工行沙滨路支行　1207417563		

收款人：童伟　　　复核：刘旭　　　开票人：刘桦

第三联：发票联　购货方记帐凭证

3-2-32

材料验收入库单

凭证编号：
仓库编号：

供应人：　　　　　　　　　20　年12月8日

增值税	发票号	验收日期	年	月	日	存放地点	附件份数		份

材料编号	材料名称	规格	型号	单位	数量		计划单价		实际单价	
					凭证	实收	单价	总价	单价	总价
	紫铜棒			吨	1.75	1.75			29700.00	51975.00

差　异　　　　　　备注

财务处长　　　供应科长　　　仓库主管　　　验收保管　　　检验　　　采购经办

第三联　财务科核算

3-2-33

3-2-34

<业务十六>

3-2-35

河北增值税专用发票

90222880　　　　　　　　　　　　№ 3567421

河北

此联不作报销不能作为扣税凭证使用

开票日期：20 年12月08日

| 购货单位 | 名　称：包头飞龙公司
纳税人识别号：150204114395031
地址、电话：青山赛音道100号5241086
开户行及帐号：工行青山支行0603020090012345678 | 密码区 | 675+9+459+49*44-6+4523*/74+15*4/*44816*
41/951918*1891628*1928/*1/2*15467767///5
/*9484958+++95+4884-66-8888-4833*-7 |

货物或应税劳务名称	规格型号	单位	数量	单价	金　额	税率	税　额
绝缘体纸板		公斤	7500	18.00	135000.00	17%	22950.00
合　　计					¥135000.00		¥22950.00

| 价税合计（大写） | ⊗壹拾伍万柒仟玖佰伍拾元整 | | （小写）¥157950.00 |

| 销货单位 | 名　称：保定联谊电磁线厂
纳税人识别号：130000346752134
地址、电话：保定黄石路37号　3211855
开户行及帐号：工行黄石路支行 060307123008 | 备注 | 保定联谊电磁线厂
发票专用 |

收款人：刘晓　　复核：王峰　　开票人：李平　　销货单位：（章）

第三联：发票联 购货方记帐凭证

3-2-36

材料验收入库单

凭证编号：
仓库编号：

20 年12月8日

供应人：

增值税	发票号	验收日期			存放地点	附件份数		份
		年	月	日				

材料编号	材料名称	规格	型号	单位	数量		计划单价		实际单价	
					凭证	实收	单价	总价	单价	总价
	紫铜棒			吨	1.75	1.75			29700.00	51975.00

差　异　　　　　备注

财务处长　　供应科长　　仓库主管　　验收保管　　检验　　采购经办

第三联 财务科核算

3-2-37

3-2-38

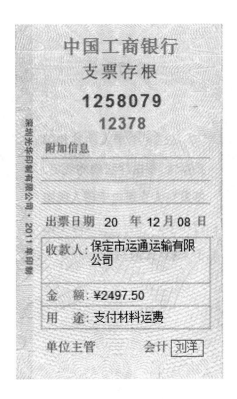

<业务十七>

3-2-39

<业务十八>

3-2-40

4400092000	内蒙古增值税专用发票	No 5007788

内蒙古省 发票专用章

开票日期：20　年12月08日

购货单位	名　称	包头飞龙公司				密码区	28919/41+94*44-6-+4523*/74+15*4/*44816* 41/951918*1891628*1928/*1/2*15467767///5 /*8745128767821343587/*442245745
	纳税人识别号	150204114395031					
	地址、电话	青山赛音道100号5241086					
	开户行及帐号	工行青山支行0603020090012345678					

货物或应税劳务名称	规格型号	单位	数量	单价	金　额	税率	税　额
纸包扁铜线		公斤	32000	50.00	1600000.00	17%	272000.00
合　　计					¥1600000.00		¥272000.00

价税合计（大写）	⊗壹佰捌拾柒万贰仟元整			（小写）¥1872000.00

销货单位	名　称	呼市大华电气设备厂	备注
	纳税人识别号	150102415346178	
	地址、电话	呼市新华大街15号　56335746	
	开户行及帐号	中国工商银行新华支行2500041951236852	

呼市大华电气设备厂 1983201019832562 发票专用章

收款人：倪燕　　复核：陈义　　开票人：董红　　销货单位：（章）

56822310	浙江增值税专用发票	No 13705

浙江 发票专用章

开票日期：20　年12月10日

购货单位	名　称	包头飞龙公司				密码区	28919/41+94*44-6-+4523*/74+15*4/*44816* 41/951918*1891628*1928/*1/2*15467767///5 /*8745128767821343587/**36
	纳税人识别号	150204114395031					
	地址、电话	青山赛音道100号5241086					
	开户行及帐号	工行青山支行0603020090012345678					

货物或应税劳务名称	规格型号	单位	数量	单价	金　额	税率	税　额
标准件		公斤	28000	4.00	112000.00	17%	19040.00
合　　计					¥112000.00		¥19040.00

价税合计（大写）	⊗壹拾叁万壹仟零肆拾元整			（小写）¥131040.00

销货单位	名　称	浙江一标紧固件厂	备注
	纳税人识别号	330500135724689	
	地址、电话	浙江勇毅大街19号　56322746	
	开户行及帐号	中国工商银行大华支行560307041951236852	

浙江一标紧固件厂 1983201015566889 发票专用章

收款人：张亮　　复核：陈红　　开票人：李玲　　销货单位：（章）

3-2-41

材料验收入库单

供应人：浙江一标紧固件厂　　　　20　年　12　月　10　日

凭证编号：
仓库编号：2

增值税 19040.00	发票号 13705	验收日期	20　年12月10日	存放地点	2号仓库		附件份数	1	份

材料编号	材料名称	规格	型号	单位	数量 凭证	数量 实收	计划单价 单价	计划单价 总价	实际单价 单价	实际单价 总价
	标准件			千克	28000	28000			4.00	112000.00

差　异　　　　备注

财务处长　　供应科长　　仓库主管　　验收保管 刘芳　　检验 李丽　　采购经办 张元

第三联　财务科核算

<业务十九>

3-2-42

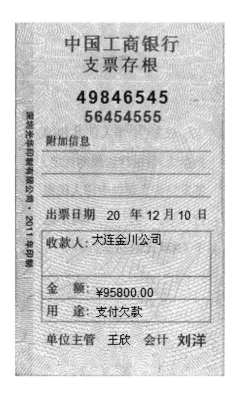

<业务二十>

3-2-43

材料验收入库单

供应人：呼市大华电气设备厂　　20　年　12　月　08　日　　　凭证编号：
仓库编号：2

| 增值税 272000.00 | 发票号 5007788 | 验收日期 | 20　年12月08日 | 存放地点 | 2号仓库 | 附件份数 | 1　份 |

材料编号	材料名称	规格	型号	单位	数　量		计划单价		实际单价	
					凭证	实收	单价	总价	单价	总价
	纸包扁铜线			千克	32000	32000			50.00	1600000.00
差　异		备注								

财务处长　　供应科长　　仓库主管　　验收保管 刘芳　　检验 李丽　　采购经办 张元

第三联　财务科核算

<业务二十一>

3-2-44

<业务二十二>

3-2-45

工资分配表

应贷账户 应借账户	应付职工薪酬				合计
	一车间	二车间	三车间	管理部门	
停工损失					
制造费用					
管理费用					
合计					

<业务二十三>

3-2-46

工会经费和职工教育经费计提表

应借科目	车间或部门	工资总额	工会经费应提额 （2%）	职工教育经费应提额 （2.5%）
停工损失	一车间			
	二车间			
	三车间			
	小计			
制造费用	一车间			
	二车间			
	三车间			
	小计			
管理费用	厂部			
	合计			

<业务二十四>

3-2-47

三险一金计提表

应借科目	计算基数	医疗保险费 (6%)	失业保险费 (1%)	养老保险费 (20%)	住房公积金 (12%)
停工损失	286800				
制造费用	104300				
管理费用	183653				
合计					

<业务二十五>

3-3-1

3-3-2

商品出库单

编号：NO. 2005
客户名称：银川供电局　　　　　　　　　20　年 12 月 12 日

商品名称	规格	单位	数量	单价	实际☑ 计划□	金额										第三联 交财务部门
						亿	千	百	十	万	千	百	十	元	角	分
S9-M-50/10		台	10													
S9-M-80/10		台	20													
合　计																
合计人民币（大写）																

生产部门：刘制武　　　发货人：张元　　　　收货人：魏阳光　　　制单人：张元

3-3-3

中国工商银行　托收凭证（受理回单）　　　1

委托日期　　年　月　日

业务类型		委托收款（□邮划、□电划）)		托收承付（□邮划、□电划)										此联作收款人开户银行给收款人的受理回单
付款人	全　称			收款人	全　称									
	账　号				账　号									
	地　址	省 市县 开户行			地　址	省 市县 开户行								
金额	人民币 （大写）					亿	千	百	十	万	千	百	十 元 角 分	
款项内容			托收凭据 名　称			附寄单 证张数								
商品发运情况				合同名称号码										
备注：			款项收妥日期											
	复核　　记账			年　月　日		收款人开户银行签章 　　　　年　月　日								

175×100mm

<业务二十六>

3-3-4

中国工商银行	托 收 凭 证	(汇款依据或 收账通知)		4

委托日期 20 年 11 月 12 日　　　付款期限　　年　月　日

业务类型	委托收款（□邮划、☑电划））			托收承付（□邮划、□电划））											
付款人	全　称	包头飞龙公司		收款人	全　称	包头供电局物资公司									
	账　号	0603020090012345678			账　号	08979908081001									
	地　址	内蒙古省 包头 市县 开户行 工行青山支行			地　址	内蒙古省 包头 市县 开户行 工行昆区支行									

金额	人民币（大写）	伍佰叁拾陆万壹仟贰佰柒拾柒元整	亿	千	百	十	万	千	百	十	元	角	分
				¥	5	3	6	1	2	7	7	0	0

款项内容	销货款	托收凭据名称	委托收款	附寄单证张数	
商品发运情况	已发		合同名称号码	20040177	

备注：	上列款项已划回收入你方账户内 付款人开户银行签章 20 年 12 月 12 日

复核　　记账

175×100mm

此联付款人开户银行凭以汇款会收款人开户银行做收账通知

<业务二十七>

3-3-5

中国工商银行	分行营业部	电子缴税回单

No.00105023

扣账日期： 20 年 12 月 12 日　　清算日期： 20 年 12 月 12 日

付款人	全　称	包头飞龙公司	收款人	全　称	包头市国家税务局青山分局								
	账　号	0603020090012345678		账　号	3350000100133								
	开户银行	工行青山支行		开户银行	中华人民共和国国家金库包头市青山区国库								

金额	人民币（大写）	叁拾贰万肆仟贰佰捌拾肆元伍角捌分	千	百	十	万	千	百	十	元	角	分
				¥	3	2	4	2	8	4	5	8

内容	代扣国税款	电子税票号	4565123	纳税人编码	5501212548	纳税人名称	包头飞龙公司

税　种	所属期	纳税金额	备注	税　种	所属期	纳税金额	备注
增值税	20 1101-20 1130	305604.01	国税				
所得税	20 1101-20 1130	18680.57	国税				

打印日期： 20 年 12 月 12 日

3-3-6

中国工商银行　分行营业部　　　　　　　　　　电子缴税回单

No.00105035

扣账日期： 20　年 12 月 12 日　　清算日期： 20　年 12 月 12 日

付款人	全称	包头飞龙公司	收款人	全称	包头市地方税务局青山分局
	账号	0603020090012345678		账号	3350000100133
	开户银行	工行青山支行		开户银行	中华人民共和国国家金库包头市青山区国库

金额	人民币（大写）	柒万柒仟贰佰玖拾陆元贰分	千	百	十	万	千	百	十	元	角	分
					¥	7	7	2	9	0	6	2

内容：代扣地税款　电子税票号 4565124　纳税人编码 5501212549　纳税人名称 包头飞龙公司

税种	所属期	纳税金额	备注	税种	所属期	纳税金额	备注
个人所得税	20 1101-20 1130	46730.22	地税				
城建税	20 1101-20 1130	21392.28	地税				
教育费附加	20 1101-20 1130	9168.12	地税				

打印日期： 20　年 12 月 12 日

<业务二十八>

3-3-7

中国工商银行　青山支行　　　　　　　　　　批扣回单

No.12553276

批扣日期： 20　年 12 月 13 日

付款人	全称	包头飞龙公司	征收机关	名称	包头市地方税务局青山征收分局
	账号	0603020090012345678		收款国库名称	中华人民共和国国家金库包头市青山区金库
	开户银行	工行青山支行		税票号码	2436564587768536 45

金额	人民币（大写）	壹万贰仟柒佰玖拾伍元伍角肆分	千	百	十	万	千	百	十	元	角	分
						¥	1	2	7	9	5	5	4

摘要　其他支出（工会经费）

备注　所属时期 20　年11月1日---20　年11月30日

打印日期： 20　年 12 月 13 日

<业务二十九>

3-3-8

中国工商银行	托收凭证 (汇款依据或收账通知)							4

委托日期　20　年 11 月 15 日　　付款期限　　年　月　日

业务类型　委托收款（□邮划、☑电划））　托收承付（□邮划、□电划））

付款人	全称	银川供电局	收款人	全称	包头飞龙公司
	账号	0345671001247		账号	0603020090012345678
	地址	宁夏 省 银川 市县 开户行 工行府西路支行		地址	内蒙古省 包头 市县 开户行 工行青山支行

金额	人民币（大写）	壹佰肆拾贰万壹仟玖佰玖拾元整	亿	千	百	十	万	千	百	十	元	角	分
				¥	1	4	2	1	9	9	0	0	0

款项内容	销货款	托收凭证名称	委托收款	附寄单证张数	

商品发运情况　已发　　　　　　　　　　　合同名称号码　20040178

备注：　　　　　　上列款项已划回收入你方账户内

　　　　　　　　　　付款人开户银行签章

复核　　　记账　　　　　20　年 12 月 13 日

此联付款人开户银行凭以汇款会收款人开户银行做收账通知

175×100mm

<业务三十>

3-3-9

3-3-10

商 品 出 库 单

编号：NO. 2006
客户名称：银川供电局　　　　　　　　　　　　20　年 12 月 13 日

商品名称	规　格	单位	数 量	单价	实际☑计划☐	金　额									
						亿	千	百	十	万	千	百	十	元	角	分
S9-100/10		台	40													
S9-160/10		台	50													
合　计																
合计人民币（大写）																

生产部门：刘制武　　　　发货人：张元　　　　　收货人：魏阳光　　　　　制单人：张元

第三联 交财务部门

<业务三十一>

3-3-11

中国工商银行　托 收 凭 证（汇款依据或收账通知）　4

委托日期　20　年 11 月 17 日　　付款期限　　年　月　日

业务类型	委托收款（□邮划、☑电划）　　托收承付（□邮划、□电划）		
付款人	全　称	大同电力公司	收款人
	账　号	0504046709024612317	
	地　址	山西 省 大同 市县 开户行 工行东源路办事处	

收款人	全　称	包头飞龙公司
	账　号	0603020090012345678
	地　址	内蒙古省 包头 市县 开户行 工行青山支行

金额	人民币（大写）	肆拾叁万壹仟肆佰肆拾陆元整	亿	千	百	十	万	千	百	十	元	角	分
					¥	4	3	1	4	4	6	0	0

款项内容	销货款	托收凭据名称	委托收款	附寄单证张数	

商品发运情况　已发　　　　　　　　　　　　合同名称号码　543910789003

备注：　　　　　　　　　上列款项已划回收入你方账户内

付款人开户银行签章

20　年 12 月 13 日

复核　　记账

175×100mm

此联付款人开户银行凭以汇款会收款人入开户银行做收账通知

·253·

<业务三十二>

3-3-12

内蒙古增值税专用发票　№ 552255

4400093

发票监制章的省市设置：内蒙古

此联不作退税报关和抵扣凭证使用

开票日期：20　年　月　日

购货单位	名　　称：							
	纳税人识别号：							
	地址、电话：							
	开户行及帐号：							

密码区

28919/41+94*44-6+4523*/74+15*4/*44816*
41/951918*1891628*1928/*1/2*15467767///5
/*8745128767821343587/*/336

货物或应税劳务名称	规格型号	单位	数量	单价	金额	税率	税额
合　计							

价税合计（大写）　　　　　　　　　　　　　　（小写）

销货单位	名　　称：	备注
	纳税人识别号：	
	地址、电话：	
	开户行及帐号：	

收款人：　　　　　复核：　　　　　开票人：　　　　　销货单位：（章）

第一联：记账联　销货方记账凭证

3-3-13

中国工商银行　托收凭证（受理回单）　1

委托日期　20　年 12 月 14 日

业务类型	委托收款（☑邮划、□电划）　托收承付（□邮划、□电划）															
付款人	全　称	大同电力公司		收款人	全　称	包头飞龙公司										
	账　号	050404670112317			账　号	0603020090012345678										
	地　址	山西 省 大同 市县 开户行 工行光荣路支行			地　址	内蒙古省 包头 市县 开户行 工行青山支行										
金额	人民币（大写）					亿	千	百	十	万	千	百	十	元	角	分
								¥	5	4	9	2	4	4	8	0
款项内容	销货款	托收凭据名称	委托收款			附寄单证张数										
商品发运情况	已发					合同名称号码	20040139									
备注：		款项收妥日期														
复核　　记账		年　月　日			收款人开户银行盖章　年　月　日											

175×100mm

此联作收款人开户银行给收款人的受理回单

3-3-14

商 品 出 库 单

编　号：NO. 2007
客户名称：大同电力公司　　　　　　　　　20　年 12 月 14 日

商品名称	规 格	单 位	数 量	单价	实际☑ 计划□	金　额									
						亿	千	百	十	万	千	百	十	元	角	分
S9-100/10		台	15												
合　计															

合计人民币（大写）

生产部门：刘制武　　　发货人：张元　　　　收货人：魏阳光　　　　制单人：张元

第三联 交财务部门

3-3-15

内蒙古增值税专用发票

500165130　　　　　　　　№ 801701565

发票监制章的省市设置：　内蒙古

校验码 812455 87256 29656 96599　　　开票日期：20　年12月15日

| 购买方 | 名　称：包头飞龙公司
纳税人识别号：150204114395031
地址、电话：青山赛音道100号5241086
开户行及账号：工商青山支行0603020090012345678 | 密码区 | 21495/595895+98166>69877410
74+2697785/586128>947+68411
49809<60542594832395/512024
6944943+11921310>2564-58451 |

货物或应税劳务、服务名称	规格型号	单位	数 量	单 价	金　额	税率	税　额
国内运输服务		次	1	6000.00	6000.00	11%	660.00
货运客运场站服务		次	1	1000.00	1000.00	6%	60
合　计					¥7000.00		¥720.00

价税合计（大写）　⊗ 柒仟柒佰贰拾元整　　　　　（小写）¥7720.00

| 销售方 | 名　称：呼和浩特铁路局包头货运中心
纳税人识别号：4408875250
地址、电话：包头市东河区巴彦塔拉大街100号5265466
开户行及账号：中行东河支行营业部 149225523387 | 备注 | |

收款人：岳海　　　复核：余姚　　　开票人：李丽　　　销售方：（章）

第三联：发票联　购买方记账凭证

3-3-16

<业务三十三>

3-3-17

3-3-18

商品出库单

编号：NO. 2015

客户名称：宏发机电经销部　　　　　　　　　　20 年 12 月 15 日

商品名称	规 格	单 位	数 量	单价	实际□ 计划□	金　额									
						亿	千	百	十	万	千	百	十	元	角	分
S9-100/10		台	3												
S9-50/10		台	5												
合　计															

合计人民币（大写）

生产部门：刘制武　　　　发货人：张元　　　　收货人：魏阳光　　　　制单人：张元

第三联 交财务部门

<业务三十四>

3-3-19

中国工商银行 现金交款单

20 年 月 日　　No. 1562165

交款单位		收款单位											
款项来源		账号			开户银行								
大写 金额	（币种）人民币			十	亿	千	百	十	万	千	百	十	元 角 分

券别	百元	五十元	二十元	十元	合计金额	
整把券						
零张券						

中国工商银行
青山支行
业务办理章

收款银行盖章

复核　　　　　　　经办

第一联：银行盖章后退交款人

<业务三十五>

3-3-20

中国工商银行　托收凭证（汇款依据或收账通知）　　4															
委托日期　20　年 11 月 15 日						付款期限　　年　月　日									

业务类型	委托收款（□邮划、☑电划））		托收承付（□邮划、□电划）								
付款人	全　称	包头飞龙公司	收款人	全　称	榆林电力设备有限公司						
	账　号	0603020090012345678		账　号	4000027219200041805						
	地　址	内蒙古省 包头 市县 开户行 工行青山支行		地　址	陕西省省 榆林 市县 开户行 工行河西支行						

					亿	千	百	十	万	千	百	十	元	角	分
金额	人民币（大写）	壹佰伍拾万元整				¥	1	5	0	0	0	0	0	0	0

款项内容	销货款	托收凭据名称	委托收款	附寄单证张数	
商品发运情况	已发			合同名称号码	20040179

备注：　　　　　上列款项已划回收入你方账户内

　　　　　　　　付款人开户银行签章

复核　记账　　20　年 12 月 15 日

（印章：中国工商银行　业务专用章）

此联付款人开户银行凭以汇款金收款人开户银行做收账通知

175×100mm

<业务三十六>

3-3-21

3-3-22

商品出库单

编号：NO. 2016

客户名称：包头供电局物质公司   20 年 12 月 15 日

商品名称	规格	单位	数量	单价	实际☑计划□	金额										
						亿	千	百	十	万	千	百	十	元	角	分
S9-S-1000/35		台	1													
S9-S-2000/35		台	2													
合　计																

合计人民币（大写）

生产部门：刘制武   发货人：张元   收货人：魏阳光   制单人：张元

第三联 交财务部门

3-3-23

中国工商银行　托收凭证（受理回单）　1

委托日期　　年　月　日

业务类型		委托收款（□邮划、□电划）　托收承付（□邮划、□电划）															
付款人	全　称		收款人	全　称												
	账　号			账　号												
	地　址	省　市县　开户行		地　址	省　市县　开户行											
金额	人民币（大写）					亿	千	百	十	万	千	百	十	元	角	分
款项内容		托收凭据名　称			附寄单证张数											
商品发运情况			合同名称号码													
备注：		款项收妥日期														
				收款人开户银行签章												
复核　　记账		年　月　日			年　月　日											

175×100mm

此联作收款人开户银行给收款人的受理回单

<业务三十七>

3-3-24

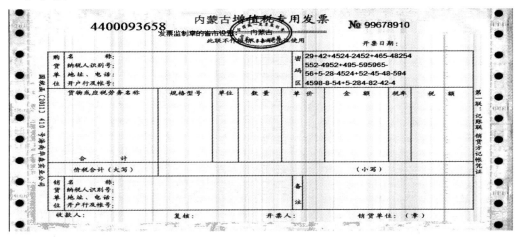

3-3-25

商品出库单

编号：NO. 2019

客户名称：包头供电局物质公司　　　　　　20 年 12 月 16 日

商品名称	规格	单位	数量	单价	实际☑ 计划□	金　额										第三联 交财务部门
						亿	千	百	十	万	千	百	十	元	角	分
S9-250/10		台	10													
S9-50/10		台	20													
合　计																

合计人民币（大写）

生产部门：刘制武　　　发货人：张元　　　收货人：魏阳光　　　制单人：张元

3-3-26

商 品 出 库 单

编号：NO. 2018

客户名称：包头供电局物质公司　　　　　　　　20　年 12　月 16　日

商品名称	规　格	单　位	数量	单价	实际☑计划□	金　额										
						亿	千	百	十	万	千	百	十	元	角	分
S9-160/10		台	10													
S9-315/10		台	15													
合　　计																

合计人民币（大写）

生产部门：刘制武　　　　发货人：张元　　　　收货人：魏阳光　　　　制单人：张元

第三联　交财务部门

3-3-27

㊎ 中国工商银行　托 收 凭 证（受理回单）　　1

委托日期　　年　月　日

业务类型	委托收款（□邮划、□电划））	托收承付（□邮划、□电划））		
付款人	全　称		收款人	全　称	
	账　号			账　号	
	地　址	省　市县　开户行		地　址	省　市县　开户行

金额	人民币（大写）		亿 千 百 十 万 千 百 十 元 角 分

款项内容		托收凭据名　称		附寄单证张数	

商品发运情况		合同名称号码	

备注：	款项收妥日期	
	年　月　日	
复核　　记账		收款人开户银行签章　年　月　日

此联作收款人开户银行给收款人的受理回单

175×100mm

<业务三十八>

3-3-28

3-3-29

商 品 出 库 单

编号：NO. 2022

客户名称：包头大昌电器公司　　　　　20 年 12 月 17 日

商品名称	规 格	单 位	数 量	单 价	实际□ 计划□	金 额									
						亿	千	百	十	万	千	百	十	元	角	分
S9-M-80/10		台	4												
合　　计															

合计人民币（大写）

生产部门：刘制武　　　发货人：张元　　　收货人：魏阳光　　　制单人：张元

3-3-30

中国工商银行　　　　　进账单　（收账通知）3

年　　月　　日

出票人	全　称		收款人	全　称		此联是收款人开户银行交给收款人的收账通知
	账　号			账　号		
	开户银行			开户银行		

金额	人民币（大写）		亿	千	百	十	万	千	百	十	元	角	分

票据种类		票据张数	
票据号码			

复核　　　　记账　　　　　　　　　　　　　　　　收款人开户银行签章

<业务三十九>

3-3-31

3-3-32

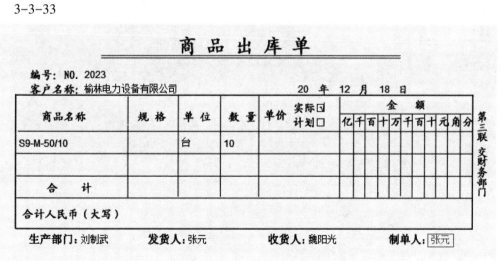

商 品 出 库 单

编号：NO. 2023

客户名称：榆林电力设备有限公司　　　　　20　年　12　月　18　日

商品名称	规格	单位	数量	单价	实际☑ 计划☐	金　额										
						亿	千	百	十	万	千	百	十	元	角	分
S9-100/10		台	5													
S9-M-80/10		台	5													
合　　计																

合计人民币（大写）

生产部门：刘制武　　　　发货人：张元　　　　收货人：魏阳光　　　　制单人：张元

第三联 交财务部门

3-3-33

商 品 出 库 单

编号：NO. 2023

客户名称：榆林电力设备有限公司　　　　　20　年　12　月　18　日

商品名称	规格	单位	数量	单价	实际☑ 计划☐	金　额										
						亿	千	百	十	万	千	百	十	元	角	分
S9-M-50/10		台	10													
合　　计																

合计人民币（大写）

生产部门：刘制武　　　　发货人：张元　　　　收货人：魏阳光　　　　制单人：张元

第三联 交财务部门

3-3-34

商 品 出 库 单

编号：NO. 821
客户名称：榆林电力设备有限公司　　　　　　　　20　年 12　月 18　日

商品名称	规 格	单 位	数 量	单 价	实际☑ 计划□	金　额									
						亿	千	百	十	万	千	百	十	元	角	分
S9-50/10		台	4													
合　　计																

合计人民币（大写）

生产部门：刘志武　　　发货人：张元　　　收货人：魏阳光　　　制单人：张元

第三联 交财务部门

3-3-35

中国工商银行　　托 收 凭 证（受理回单）　　　1

委托日期　　年　　月　　日

业务类型		委托收款（□邮划、□电划））　　托收承付（□邮划、□电划））														
付款人	全　称			收款人	全　称											
	账　号				账　号											
	地　址	省	市县	开户行		地　址	省	市县	开户行							
金额	人民币（大写）						亿	千	百	十	万	千	百	十	元	角	分
款项内容			托收凭据名称				附寄单证张数									
商品发运情况					合同名称号码											
备注：		款项收妥日期														
					收款人开户银行签章											
复核　　记账		年　月　日				年　月　日										

此联作收款人开户银行给收款人的受理回单

175×100mm

<业务四十>

3-3-36

内蒙古增值税专用发票　№ 15678963

4400093621

发票监制章的省市设置：内蒙古
此联不作报销、抵扣凭证使用

开票日期：

购货单位	名　　称：						密码区	29+42+4524-2452+465-48254 552-4952+495-595965- 56+5-28-4524-52-45-48-594 4598-8-54+5-222+963	
	纳税人识别号：								
	地址、电话：								
	开户行及帐号：								
货物或应税劳务名称	规格型号	单位	数量	单价	金额	税率	税额		
			10	3000.00					
合　　计									
价税合计（大写）					（小写）				
销货单位	名　　称：					备注			
	纳税人识别号：								
	地址、电话：								
	开户行及帐号：								

收款人：　　　　　复核：　　　　　开票人：　　　　　销货单位：（章）

第一联：记账联　销货方记账凭证

3-3-37

中国工商银行　　进账单　（收账通知）3

年　　月　　日

出票人	全　称		收款人	全　称	
	账　号			账　号	
	开户银行			开户银行	

金额	人民币 （大写）		亿	千	百	十	万	千	百	十	元	角	分

票据种类		票据张数	
票据号码			

复核　　　记账

收款人开户银行签章

此联是收款人开户银行交给收款人的收账通知

<业务四十一>

3-3-38

城建税及教育费附加计算表

项目	应交增值税	应交消费税	合计	税率	应交金额
城市维护建设税				7%	
教育费附加				3%	

<业务四十二>

3-3-39

产成品收发存计算表

产品名称	计量单位	期初余额			本期完工			本期销售			期末余额		
		数量	单价	金额	数量	单价	金额	数量	单价	金额	数量	单价	金额

<业务四十三>

3-3-40

发出材料汇总表

应借账户／应贷账户	制造费用				销售费用					管理费用	其他支出	合计
	机物料消耗	劳动保护费	低值易耗品	小计	运输费	包装费	修理费	机物料消耗	小计	机物料消耗		
原材料 钢材	27371						8	6244		500	5686	
钢材	27869						12	6002		423		
辅助材料					1325							
标准件	943							2		810		
汽车配件					30596							
其他					13660							
小计												
低值易耗品 工具			14346									
劳动保护		2228										
小计												
合计												

<业务四十四>

3-4-1

3-4-2

3-4-3

办公用品分配表

20 　年 12 月 21 日

部门	金额
车间管理部门	400.00
办公室	1600.00

制表：黎敏　　　　　　审核：刘洋

<业务四十五>

3-4-4

借 支 单

20　年 12 月 22 日

工作部门	市场部	职务	员工	姓名	李红	盖章	现金付讫
借支金额	人民币 叁万元整						
借款原因	预借差旅费		附证件				
还款日期	——						
批　核	张军						

会计　　　　　　出纳　　　　　　制单　李红

3-4-5

中国工商银行
支票存根
12454666
569525

附加信息

出票日期 20　年 12 月 22 日

收款人：包头飞龙公司

金　额：¥30000.00

用　途：预借差旅费

单位主管　王欣　会计　刘洋

<业务四十六>

3-4-6

内蒙古增值税专用发票　№ 31201463

校验码 68746 15613 64841 68130

开票日期：20 年12月22日

购买方	名　称：包头飞龙公司　纳税人识别号：150204114395031　地址、电话：青山赛音道100号5241086　开户行及账号：工行青山支行0603020090012345678						

密码区：1168*65151+9648641>8487/410 69/51686634*649+4794<069874 68-4544688/48985+65871>8952 654+74844980*492/5745<70742

货物或应税劳务、服务名称	规格型号	单位	数量	单价	金额	税率	税额
保险费					2000.00	6%	120.00
合　计					￥2000.00		￥120.00
价税合计（大写）	⊗ 贰仟壹佰贰拾元整				（小写）￥2120.00		

销售方	名　称：包头市新华保险有限公司　纳税人识别号：914401009874186979　地址、电话：九原区文明路11号8639639　开户行及账号：工行九原支行2600401020058407359

收款人：王玉　复核：孙洁　开票人：李娟　（章）

3-4-7

中国工商银行
支票存根
23886791
11569669

附加信息

出票日期 20 年 12月 22 日

收款人：包头市新华保险有限公司

金　额：￥2120.00

用　途：保险费

单位主管　王欣　会计 刘洋

<业务四十七>

3-4-8

3-4-9

航空运输电子客票行程单
ITINERARY/RECEIPT OF E-TICKET
(FOR AIR TRANSPORT)

印刷序号：20120850
SERIAL NUMBER：

| 旅客姓名 NAME OF PASSENGER | 有效身份证件号码 ID.NO. | | | | 签注 ENDORSEMENTS/RESTRICTIONS/CARBON. | | | |
| 谭红 | 1501225*****45651 | | | | 不得变签更正退票收费 | | | |

	承运人 CARRIER	航班号 FLIGHT	座位等级 CLASS	日期 DATE	时间 TIME	客票级别/客票类别 FARE BASIS	客票生效日期 NOTVALIDBEFORE	有效截止日期 NOTVALIDAFTER	免费行李 ALLOW
自FROM 沈阳	K	40125	FK	14DCE	1015	K			
至TO 包头									
至TO VOD									
至TO									
至TO									

| 票价 FARE | 机场建设费 AIRPORT TAX | 燃油附加费 FUEL SURCHARGE | 其他税费 OTHER TAXES | 合计 TOTAL |
| 870.00 | 100.00 | 30.00 | | 1000.00 |

| 电子客票号码 E TICKET NO. 164189413201 | 提示信息 INFORMATION | 保险费 INSURANCE |
| 销售单位代号 AGENT CODE | 中国西北航空集团有限公司 ISSUED BY | 填开日期 DATE OF ISSUE 20 1221 |

辽宁增值税专用发票

7400164130
发票监制章的省市设置 辽宁

No 30201566

开票日期：20 年12月20日

校验码 53195 84156 29656 96599

购买方	名称：包头飞龙公司	密码区	21595/595895+98166>69877410
	纳税人识别号：150204114395031		65+2695485/586468>947+68411
	地址、电话：青山赛音道100号5241086		99809<605425948+0395/512024
	开户行及账号：工行青山支行0603020090012345678		8544943+11921310>2564-58451

货物或应税劳务、服务名称	规格型号	单位	数量	单价	金额	税率	税额
住宿费		天			1600.00	6%	96.00
合计					¥1600.00		¥96.00

| 价税合计（大写） | ⊗ 壹仟陆佰玖拾陆元整 | （小写）¥1696.00 |

销售方	名称：沈阳市玉丰大酒店有限公司	备注	
	纳税人识别号：222255466519		
	地址、电话：沈阳市金枫路18号　44641471		
	开户行及账号：工行金枫路支行65465461460165463		

收款人：文静　　复核：陈冬　　开票人：张华　　销售方：（章）

3-4-10

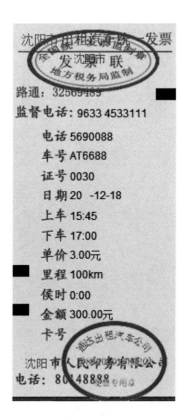

3-4-11

3-4-12

差旅费报销单

部门：市场部					报销日期：20　年　12　月　22　日							编号：209923001			

出差人				谭红				出差事由	开拓市场		项目名称	开拓市场			

出发				到达				人数	交通		出差补助		其他费用			合计
月	日	时	地点	月	日	时	地点		工具	金额	天数 补助标准	金额	住宿费用 市内交通	餐饮费		
12	15	10:15	包头	12	15	12:00	沈阳	1	飞机	1000.00	7　200元/天	1400.00	1696.00　300.00	927.00		5323.00
12	21	10:00	沈阳	12	21	12:00	包头	1	飞机	1000.00						1000.00
			合计							6000.00	——	1400.00	1696.00　300.00	927.00		6323.00

报销总额	人民币（大写）陆仟叁佰贰拾叁元整	￥6323.00	预借金额 ￥10000.00
			退 √ /补　金额 ￥3677.00

附单据张数合计（对应上方的项目）		城际交通：3	其他：2
领导批示	部门主管	财务主管　王欣　会计　刘洋	出纳　黎敏　领款人　谭红

3-4-13

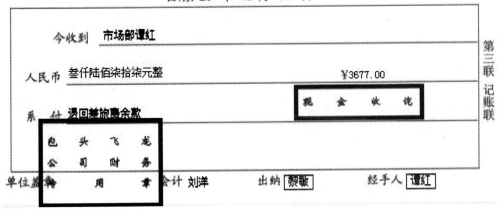

收款收据

NO 6512

日期：20 年 12 月 22 日

今收到　　市场部谭红

人民币　　叁仟陆佰柒拾柒元整　　　　　　　￥3677.00

现　金　收　讫

系　付　退回差旅费余款

包头飞龙公司财务专用章

单位盖章　　　　　　会计 刘洋　　　　出纳 黎敏　　　　经手人 谭红

第三联 记账联

<业务四十八>

3-4-14

中国建设银行				存（贷）款利息凭证		
币种：人民币		单位：建行光明支行			20　年 12 月 22 日	

付款人	户名	包头飞龙公司	收款人	户名	包头市建行光明支行
	账号	0603020090012345678		账号	4564465465654645
实收(付)金额		6475.00	计息户账号		94800031
借据编号		021546	借据序号		259

备注	起息日期	止息日期	积数/息余	利率	利息
	20 0927	20 1227	350000.00	7.4%	6475.00

调整利息：　　　　　　　　　　　　　冲正利息：

应收（付）利息合计：人民币陆仟肆佰柒拾伍圆整

银行章：　　　　　　　　　　　　　经办人：

（中国建设银行股份有限公司　光明支行　10.12.22）

第三联　付息通知

<业务四十九>

3-4-15

3-4-16

<业务五十>

3-4-17

<业务五十一>

3-4-18

内蒙古增值税专用发票　　№ 645420

93620

开票日期：20　年12月24日

购货单位	名　称	包头飞龙公司
纳税人识别号	150204114395031
地址、电话	青山赛音道100号 5241086
开户行及帐号	工行青山支行 0603020090012345678

密码区
45859+58+8+99299+8++9+9++5+5+5+5++5
+5+8+85658956598956359 6898++9+-*/989//6
/*/+/-9+652/*/65/*/6/*6*9598659/98689/98968*-/

货物或应税劳务名称	规格型号	单位	数量	单价	金　额	税率	税　额
广告设计费		1	1	2000.00	2000.00	6%	120.00
合　　计					¥2000.00		¥120.00

价税合计（大写）　⊗貳仟壹佰貳拾元整　　　（小写）¥2120.00

销货单位	名　称	包头市白天鹅广告有限公司
纳税人识别号	414010388754575
地址、电话	包头市开发区25号　2166998
开户行及帐号	工行开发区支行　1970041758585857

备注　320101983201

收款人：黄丹　　　复核：李晓琪　　　开票人：刘芙

第二联：发票联　购货方记帐凭证

3-4-19

中国工商银行
支票存根

370877
37928

附加信息

出票日期　20　年 12 月 24 日

收款人：包头市白天鹅广告有限公司

金　额：¥2120.00

用　途：支付广告设计费

单位主管　　　会计 刘洋

<业务五十二>

3-4-20

中国工商银行					存（贷）款利息凭证		
币种：人民币		单位：元			20 年 12 月 26 日		
付款人	户名	包头市工行青山支行		收款人	户名	包头飞龙公司	
	账号	100200366			账号	0603020090012345678	
	实收(付)金额	人民币陆佰元整		计息户账号		01250	
	借据编号	1001888236		借据序号		1202525	
起息日期	止息日期	积数/息余			利率	利息	
20 1130	20 1230	120000.00			6%	¥600.00	
备注							
调整利息：0					冲正利息：0		
应收(付)利息合计：人民币陆佰元整							
银行章：				经办人：			

中国工商银行
青山支行
20 12.26
业务办理专用章

<业务五十三>

3-4-21

3-4-22

航空运输电子客票行程单
ITINERARY/RECEIPT OF E-TICKET
FOR AIR TRANSPORT

印刷序号：20 12271375
SERIAL NUMBER：

旅客姓名 NAME OF PASSENGER	有效身份证件号码 ID.NO.		签注 ENDORSEMENTS/RESTRICTIONS(CARBON)							
李杰	1502********335		不得签转变更退票收费							
	承运人 CARRIER	航班号 FLIGHT	座位等级 CLASS	日期 DATE	时间 TIME	客票级别/客票类别 Fare BASIS	客票生效日期 NOTVALIDBEFORE	有效截止日期 NOTVALIDAFTER	免费行李 ALLOW	
自 FROM 深圳	LJ	2047	K	27DEC	08:15	K				
至 TO 包头										
至 TO										
至 TO										
至 TO										
	票价 FARE	机场建设费 AIRPORT TAX	燃油附加费 FUEL SURCHARGE		其他税款 OTHER TAXES		合计 TOTAL			
	1550.00	50.00	80.00				1680.00			

电子客票号码 E-TICKET NO. 94804987
验证码
提示信息 INFORMATION
保险费 INSURANCE

销售单位代号 AGENT CODE
ISSUED BY 中国南方航空股份有限公司
填开日期 DATE OF ISSUE 20 1227

请旅客乘机前认真阅读《旅客须知》及承运人的运输总条件内容
The Important Notice and the general conditions of carriage must be read before travelling.

3-4-23

3-4-24

深圳市租赁通统一发票

发深票市联
地方税务局监制

路通：32569489

监督电话：0755-4587333

电话 0755-42578125

车号 粤B25241

日期20 -12-21

上车 10：42：15

下车 11：02：15

单价3元/公里

里程150公里

候时 00：15：15

金额 450.00

卡号 3538

深圳市人民印务有限公司
电话：80148888

3-4-25

深圳市租赁通统一发票

发深票市联
地方税务局监制

路通：32569489

监督电话：0755-4587333

电话 0755-42578127

车号 粤B25235

日期20 -12-25

上车 10：42：15

下车 11：42：15

单价3元/公里

里程200公里

候时 00：10：15

金额 600.00

卡号 4038

深圳市人民印务有限公司
电话：80148888

3-4-26

3-4-27

差旅费报销单

部门	经营科					报销日期	20 年 12 月 27 日					编号: 209923000				

出差人		李杰		出差事由	开拓市场					项目名称	开拓市场	

出发			到达				交通		出差补助		其他费用			
月	日	时	地点	月	日	时	地点	人数	工具	交通金额	天数	补助标准	金额	住宿费用	市内交通	招待费	合计
12	20	15:10	包头	12	20	17:10	深圳	1	飞机	1730.00	7			3710.00	1050.00	2060.00	6820.00
12	27	8:15	深圳	12	27	10:15	包头	1	飞机	1680.00							1680.00
			合计								——			3710.00	1050.00	2060.00	8500.00

报销总额	人民币(大写)捌仟伍佰元整	¥8500.00	预借金额 ¥8000.00
			退□ 补☑金额 ¥500.00

附单据张数合计(对应上方的项目)		城际交通:	2	其他:	4
领导批示	部门主管	财务主管 王庭	会计 刘洋	出纳 郭娟	领款人

<业务五十四>

3-4-28

3-4-29

<业务五十五>

3-4-30

3-4-31

<业务五十六>

3-4-32

<业务五十七>

3-4-33

固定资产折旧表

使用单位	固定资产类别	月折旧额
管理部门	房屋建筑物	7440
	生产设备	198
	小计	
一车间	房屋建筑物	378
	生产设备	4132
	小计	
二车间	房屋建筑物	136
	生产设备	7213
	小计	
三车间	房屋建筑物	7648
	生产设备	961
	小计	
合　计		

<业务五十八>

3-4-34

无形资产摊销明细表

无形资产	价值	受益年限	本月应摊销	备注
节电专利	540000	10	4500	
合计	540000		4500	

<业务五十九>

3-4-35

电力费用分配表

部门	用电量	单价	金额
车间	33400	1.00	33400
管理部门	8000	0.50	4000

<业务六十>

3-4-36

制造费用分配表

应借账户	生产工时	分配率	分配金额
停工损失			
合计			

<业务六十一>

3-5-1

3-5-2

3-5-3

3-5-4

固定资产入库单资料

日期：20　　年12月28日

凭证编号：EW-01

固定资产名称：TR-3089设备，单位：台，数量：2

预计使用年限：10，已使用年限：0

固定资产状况：全新

购入时间：20　　\12\28

进入方式：购入

固定资产管理部门：建档

会计主管：王欣

3-5-5

3-5-6

<业务六十二>

3-5-7

固定资产盘盈盘亏表

填表日期：　　年　月　日　　　　　　　　　　　　　　　　　　　　　　　　　　　　金额单位：元

序号	财产名称	规格型号	计量单位	数量	购置时间	年限		财务账面值		盘盈		盘亏		盈亏原因	处理意见
						折旧	已用	数量	金额	数量	金额	数量	金额		
1	CG机器	267	台	1	2009年1月	20000						1	50000	原因不明	作营业外支出处理

部门负责人：　　　　　　　　　　　清点人：李胜　　　　　　　　　　　填表人：王欣

<业务六十三>

3-5-8

固定资产盘盈盘亏表

填表日期：　　年　月　日　　　　　　　　　　　　　　　　　　　　　　　　　　　　金额单位：元

序号	财产名称	规格型号	计量单位	数量	购置时间	年限		财务账面值		盘盈		盘亏		盈亏原因	处理意见
						折旧	已用	数量	金额	数量	金额	数量	金额		
1	TM机器	267	台	1	2009年1月					1	65000			原因不明	

部门负责人：　　　　　　　　　　　清点人：李胜　　　　　　　　　　　填表人：王欣

<业务六十四>

3-6-1

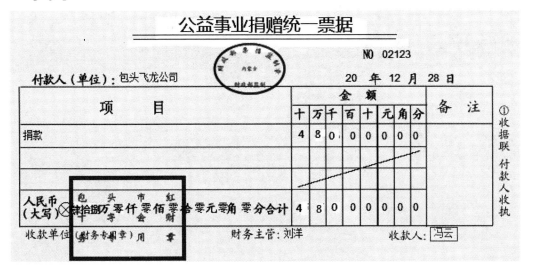

3-6-2

<业务六十五>

3-6-3

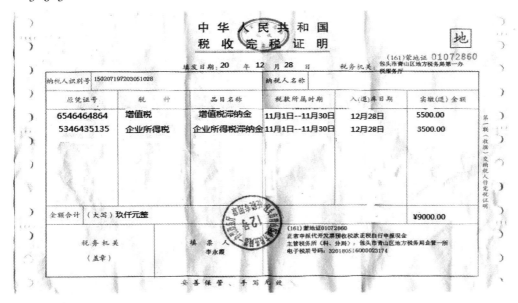

3-6-4

中国工商银行		青山支行			批扣回单									
					No. 22553279									
批扣日期：　20　年　12　月　28　日														
付款人	全　　称	包头飞龙公司		收款人	全　　称	包头市青山区地方税务局第一办税服务厅								
	账　　号	0603020090012345678			账　　号	6605118887523452								
	开户银行	工行青山支行			开户银行	工行富强路支行								
金额	人民币（大写）玖仟元整					千	百	十	万	千	百	十	元	角 分
								¥	9	0	0	0	0	0 0
摘要	代扣号****20019，20 年11月 滞纳金													
备注	增值税滞纳金 5500.00 企业所得税滞纳金 3500.00													
				打印日期：20　年　12　月　28　日										

<业务六十六>

3-6-5

应付账款转为营业外收入通知单

经审查确认上年度一笔应付账款7700元，无法支付，转为营业外收入处理。（大连金川公司）

主管经理：李雄飞　　　　　　　　财务主管：王洋

　　××年××月××日　　　　　　　　××年××月××日

<业务六十七>

3-6-6

停工损失结转单

部　门	金　额	原　因
生产车间		计划内停产设备维修

<业务六十八>

3-6-7

本年利润计算表

项　目	借方发生额	贷方发生额	合　计
主营业务收入			
其他业务收入			
营业外收入			
投资收益			
主营业务成本			
营业税金及附加			
其他业务成本			
管理费用			
财务费用			
销售费用			
营业外收入			
合计			

<业务六十九>

3-6-8

所得税计算表

全年 利润总额	全年税前 调整利润	全年应纳税 所得额	税率(25%)	全年应交 所得税	1~11月累计 预交数	本月应交 所得税

注：纳税调整项目

（1）本月支付税收罚金9000元；

（2）本年度国库券利息收入80000元。

<业务七十>

3-6-9

提取盈余公积计算表

项 目	比 率	应提取金额	备 注
法定盈余公积	10%		
任意盈余公积	5%		计提基数为全年净利润
合 计			

<业务七十一>

8.计算应付股利,12月30日按董事会决议向投资者分配股利500000元。

<业务七十二>

3-6-10

未分配利润计算表

全年净利润	提取盈余公积	应付股利	年初未分配利润	年末未分配利润

3-7-1

资产负债表

会企01表

编制单位：　　　　　　　年　月　日　　　　　　　　　　　　　单位：元

资产	期末余额	年初余额	负债和所有者权益(或股东权益)	期末余额	年初余额
流动资产：			流动负债：		
货币资金			短期借款		
以公允价值计量且其变动计入当期损益的金融资产			以公允价值计量且其变动计入当期损益的金融负债		
衍生金融资产			衍生金融负债		
应收票据			应付票据		
应收账款			应付账款		
预付账款			预收款项		
应收利息			应付职工薪酬		
应收股利			应交税费		
其他应收款			应付利息		
存货			应付股利		
持有待售资产			其他应付款		
一年内到期的非流动资产			持有待售负债		
其他流动资产			一年内到期的非流动负债		
			其他流动负债		
流动资产合计	0.00	0.00	流动负债合计	0.00	0.00
非流动资产：			非流动负债：		
可供出售金融资产			长期借款		
持有至到期投资			应付债券		
长期应收款			其中：优先股		
长期股权投资			永续债		
投资性房地产			长期应付款		
固定资产			专项应付款		
在建工程			预计负债		
工程物资			递延收益		
固定资产清理			递延所得税负债		
生产性生物资产			其他非流动负债		
油气资产			非流动负债合计	0.00	0.00
无形资产			负债合计	0.00	0.00
开发支出			所有者权益(或股东权益)：		
商誉			实收资本(或股本)		
长期待摊费用			其他收益工具		
递延所得税资产			其中：优先股		
其他非流动资产			永续债		
非流动资产合计	0	0	资本公积		
			减：库存股		
			其他综合收益		
			盈余公积		
			未分配利润		
			所有者权益(或股东权益)合计	0.00	0.00
资产总计	0.00	0.00	负债和所有者权益 (或股东权益)合计	0.00	0.00

法定代表人：　　　　　　　　　　　　　　　　会计主管：会计：

3-7-2

利润表

会企02表

编制单位：　　　　　　　　　　　20　　年　　　　　　　　　　　单位：元

项　　目	行次	本期金额	上期金额
一、营业收入	1		
减:营业成本	2		
税金及附加	3		
销售费用	4		
管理费用	5		
财务费用	6		
资产减值损失	7		
加:公允价值变动收益(损失以"-"号填列)	8		
投资收益(损失以"-"号填列)	9		
二、营业利润(亏损以"-"号填列)	10	-	-
加:营业外收入	11		
其中:非流动资产处置利得	12		
减:营业外支出	13		
其中:非流动资产处置损失	14		
三、利润总额(亏损总额以"-"号填列)	15	-	-
减:所得税费用	16		
四、净利润(净亏损以"-"号填列)	17	-	-

单位负责人：　　　　　　　主管会计工作负责人：　　　　　　　会计机构负责人：

增值税纳税申报表
（一般纳税人适用）

根据国家税收法律法规及增值税相关法规规定制定本表。纳税人不论有无销售额，均应按税务机关核定的纳税期限填写本表，并向当地税务机关申报。

税款所属时间：自　年　月　日至　年　月　日

纳税人识别号				所属行业	
纳税人名称（公章）		法定代表人姓名	注册地址	生产经营地址	
开户银行及账号		登记注册类型		电话号码	

	项　目	栏次	一般项目		即征即退项目	
			本月数	本年累计	本月数	本年累计
销售额	（一）按适用税率计税销售额	1				
	其中：应税货物销售额	2				
	应税劳务销售额	3				
	纳税检查调整的销售额	4				
	（二）按简易办法计税销售额	5				
	其中：纳税检查调整的销售额	6				
	（三）免、抵、退办法出口销售额	7			—	—
	（四）免税销售额	8			—	—
	其中：免税货物销售额	9			—	—
	免税劳务销售额	10			—	—
税款计算	销项税额	11				
	进项税额	12				
	上期留抵税额	13				
	进项税额转出	14				
	免、抵、退应退税额	15			—	—
	按适用税率计算的纳税检查应补缴税额	16			—	—
	应抵扣税额合计	17=12+13-14-15+16				
	实际抵扣税额	18（如17<11，则为17，否则为11）		—		
	应纳税额	19=11-18				
	期末留抵税额	20=17-18			—	
	简易计税办法计算的应纳税额	21				
	按简易计税办法计算的纳税检查应补缴税额	22			—	
	应纳税额减征额	23				
	应纳税额合计	24=19+21-23				

授权人签字：　　　　　声明人签字：　　　　　接收人：

主管税务机关：　　　　　接收日期：　　　　　接收人签字：

第四篇

成本会计岗位实训模块

项目一
成本会计岗位实训基本情况

项目目标

了解模拟企业情况，确定成本实训所需要的记账凭证、账簿，熟悉相关资料。知晓结业考评方法。

任务一　模拟企业概况简介

【实训任务】

通过讲述，使学生了解模拟实习企业基本情况，知晓会计核算方法、产品加工工艺流程。

【任务解析】

1. 实训企业简介；

2. 实训企业采用的会计核算方法；

3. 实训企业产品加工工艺流程；

4. 实训企业辅助生产车间任务。

【实训教学内容】

1. 实训企业简介

包头鹿兴化工厂实行独立核算，自负盈亏，主要生产液态氯气、盐酸和氯丙烯三种产品。年产液态氯气40000吨、盐酸10000吨、氯丙烯816吨。拥有固定资产1530万元，年产值15000万元。该厂设氯气车间、液态氯气车间和合成车间三个基本生产车间及一个机修车间和一个运输车队两个辅助生产车间。

2. 实训企业采用的会计核算方法

（1）包头鹿兴化工厂成本机构设置采用厂部集中核算办法，产品生产成本核算采用"逐步结转分步法"（综合结转），氯气车间和液态氯气车间均不计算月末在产品成本，发生的费用全部由完工产品负担。合成车间的盐酸不计算月末在产品成本，氯丙烯月末在产品按定额成本计算。

（2）该企业会计核算程序采用科目汇总表核算形式，发生的经济业务按月汇总登记总账。

（3）材料核算按计划成本计价。收入材料的总分类核算平时进行，材料成本差异同时结转，发出材料的总分类核算及成本差异结转月末汇总进行。

（4）库存商品发出采用"全月一次加权平均法"核算；低值易耗品摊销采用"一次摊销法"核算。

（5）发出包装物采用"一次摊销法"核算。

（6）原材料、包装物和低值易耗品总分类核算，二级分类核算由厂部财务部门负责，明细分类核算由仓库材料会计核算。

（7）采用年限平均法分类计提固定资产折旧。

（8）按应收账款期末余额3‰提取坏账准备。

（9）要素费用分配方法：

①原材料费用按领用部门直接计入有关成本费用账户。

②生产工人工资和提取的福利费用，按月末编制的工资及福利费分配表，分配计入有关成本费用账户，其中合成车间按生产工时比例分配。

③外购动力费，按实际耗用量分配计入有关成本费用账户。

④辅助生产费用按提供的劳务数量，采用"交互分配法"分配计入有关成本费用账户。

⑤制造费用期末分配转入有关成本费用账户，其中合成车间按生产工时比例分配。

3.实训企业产品加工工艺流程

（1）实训企业产品生产加工方式

该厂属于连续式多步骤生产，大量生产液态氯气、盐酸和氯丙烯三种产品。

（2）实训企业生产车间生产加工工艺流程

①氯气车间：投入原盐和煤，生产出氯气直接转入液态氯气车间进一步加工。

②液态氯气车间：投入氯气和硫酸、电极糊、冷冻剂等生产出液态氯气，验收后入成品库。

③合成车间：投入液态氯气、丙酮、丙烯生产出盐酸和氯丙烯验收入成品库。

4.实训企业辅助生产车间任务

（1）机修车间

主要为本企业各车间、部门提供机修服务。

（2）运输车队

主要为本企业各车间、部门提供运输服务。

任务二　模拟企业成本核算基础资料

【实训任务】

通过讲述，使学生了解模拟实训企业会计资料，确定实训耗材需要量。

【任务解析】

1.实训企业成本核算基础实训资料。

2.实训耗材统计。

【实训教学内容】

1.实训企业的成本核算基础实训资料。

（1）相关账户期初余额见表4-1-1。

表4-1-1　相关账户期初余额表

年12月1日

总账账户	二级账户	三级账户	余额(元)
生产成本	基本生产成本	氯气	0
		液态氯气	0
		盐酸	0
		氯丙烯	6709.50
	辅助生产成本	机修车间	0
		运输车队	0
制造费用	氯气车间		0
	液态氯气车间		0
	合成车间		0
管理费用			0
销售费用			0
财务费用			0
库存商品		液态氯气	7958834.00
		盐酸	247430.00
		氯丙烯	281943.00
	小　计		8488207.00

（2）固定资产期初余额及折旧率见表4-1-2。

（3）原料及主要材料耗用数量见领料单。

（4）修理用备件耗用量见表4-1-3。

（5）辅助材料耗用量见表4-1-4。

（6）低值易耗品耗用量见表4-1-5。

（7）库存商品期初余额见表4-1-6。

（8）辅助生产车间劳务量统计资料见表4-1-7。

（9）合成车间产品生产工时统计见表4-1-8。

（10）氯丙烯期初在产品成本见表4-1-9。

（11）12月份工资算汇总表见表4-1-10。

表4-1-2 固定资产期初余额及折旧率

年12月1日

使用单位	固定资产类别	月初应计折旧 固定资产原值	月分类折旧率(‰)
氯气车间	房屋、建筑物	47519.00	4‰
	生产设备	323458.27	6‰
	小计	370977.27	—
液态氯气车间	房屋、建筑物	956741.29	4‰
	生产设备	1388441.48	6‰
	小计	2345182.77	—
合成车间	房屋、建筑物	213993.30	4‰
	生产设备	749712.27	6‰
	小计	963705.57	—
机修车间	房屋、建筑物	40881.60	4‰
	生产设备	146388.83	6‰
	小计	187270.43	—
运输车队	房屋、建筑物	72051.06	4‰
	生产设备	592641.65	6‰
	小计	664692.71	—
管理部门	房屋、建筑物	74824.68	4‰
	生产设备	55128.36	6‰
	小计	129953.04	—
合　计		4661781.79	—

表4-1-3　修理用备件用量表

材料名称	规格	单位	氯气车间	液态氯气车间	合成车间		机修车间	运输车队	厂部	合计
					盐酸	氯丙烯				
齿条轮轴		个			1					1
轴套		个			1					1
制动器		台	1	2						3
刹车片		片						3		3
提升机油		根	2			1				3
水泵轴		根			1					1
卷扬机轴		根	1							1
皮带机轴		根				1	1			2
压力弹簧	3 mm	个	2	1	2		3			8
压力弹簧	4.5 mm	个	3	2	2		2			9
滑轮		个	1				2	1		4
齿轮	φ660	个	1							1
伞齿轮		个					2			2
三联齿轮		个					1			1
二联齿轮	C101	个				2	1			3
汽车内胎	825-16	个						4		4
汽车内胎	750-16	个						4		4
轴承		个						4		4
滚动轴承		个					1			1
主动齿轮		个					1			1

表4-1-4　辅助材料耗用量表

类别	材料名称	规格	单位	氯气车间	液态氯气车间	合成车间		机修车间	运输车队	厂部	合计
						盐酸	氯丙烯				
黑色金属	螺纹钢	φ28	吨					0.25			0.25
	扁钢		吨					0.25			0.25
	圆钢	φ8-φ28	吨		1	0.5				0.1	1.6
	薄钢	S=0.5	吨					0.25			0.25
	垫板	S=1.5	吨		1			0.5			1.5
	中板	S=6	吨		1		0.1	0.25			1.35
	焊管	0.5″	吨		0.5						0.5
	焊管	1″	吨					0.2			0.2
	圆锌管	φ7×1.5	吨					0.5			0.5
	角铁	3#	吨			0.1					0.1
	钢丝绳	φ14	吨	0.1							0.1
有色金属	紫铜管	φ6×1	吨					0.1			0.1
	黄铜管	0.5×600×1500	吨		0.1						0.1
	铜点焊条	φ5	吨					0.05			0.05
	铜母线		吨					0.05			0.05
建筑材料	水泥	525#	吨					2			2
	玻璃	S=3	㎡							40	40
	油灰		kg							20	20
	板材		kg					500	500		1000

材料名称		规格	单位	氯气车间	液态氯气车间	合成车间		机修车间	运输车队	厂部	合计
						盐酸	氯丙烯				
电器材料	拉盒		个							10	10
	灯口		个							10	10
	机床灯		个					3			3
	吊盒		个							3	3
	灯泡	100 W	个	5	5	2		10	5		27
	镇流器	40 W	个					2	2	10	14
	转向灯		个						5		5
	倒车镜		个						5		5
其他	清漆		kg							5	5
	红砖		块	1000							1000
	耐火砖	D14-09甲型	块		200						200
	竹扫帚		把	4	4	4		2	2	5	21
	手机充电器		只						2	3	5
	三极管		只			4					4
	启灯器		个							10	10
	插头		个							10	10
	铅丝	22#		2	1				3		6
	乳胶		瓶							1	1
	合页		副							5	5
	圆钉		斤							1	1
	去污剂	ST-100	桶		1						1
	有机玻璃	3 m/m	kg							2	2

表4-1-5　低值易耗品耗用量表

材料名称		材料规格	单位	氯气车间	液态氯气车间	合成车间（盐酸）	机修车间	运输车队	厂部	合计
工具类	组合工具		套				1	1		2
	焊嘴		个				20			20
	割嘴		个				30			30
	割板		个				2			2
	回火器		个						1	1
	乙炔表		块			4				4
	氧气表		块			6				6
	皮老虎		个				2	1	2	5
	左右偏刀		把				3			3
	油封		个					8		8
	撬棍		根						8	8
	汽车扳手		个					1		1
动力设备	电机	6/7.5 kW	台				1			1
	超重电机	TEKU-6/2 kW	台	1						1
劳保用品	安全帽		顶	10	30	10				50
	劳保皮鞋		双	10	30	10				50
	口罩		个	8	100	28			2	138
	防毒面具		个	2						2
	肥皂		块	8	100	28	17	16		169
	毛巾		条	8	100	28	17	16		169
	线手套		副	8	100	28	17	16		169
	工作服		套	2	20	3	2	3		30
	绝缘体		双				2			2
	劳保眼镜		副				5			5
	防尘帽		顶	4	10					14
	水裤		条				2			2
管理用具	床单		条						10	10
	被罩		个						10	10
	暖瓶		个						10	10
	茶杯		个						10	10
	计算器		个						1	1
	算盘		个						2	2
	会计柜		个						2	2
	脸盆		个	1	3	1	1	1	2	9
	石英钟		只						4	4
	锁		把						10	10
	伪钞鉴别仪		台						10	10

表4-1-6　库存商品期初余额表

年12月1日

部　　门	名　　称	单　　位	余　　额		
			数　　量	单　　价	金　　额
液态氯气车间	液态氯气	吨	6175	1288.88	7958834.00
合成车间	盐酸	吨	200	1237.15	247430.00
	氯丙烯	吨	30	9398.10	281943.00
合　　计			—	—	8488207.00

表4-1-7　辅助生产车间劳务量统计资料表

辅助生产车间名称	各车间、部门的受益数量							
	计量单位	机修车间	运输车队	氯气车间	液态氯气车间	合成车间	厂　部	合　计
机修车间	工时	—	1000	365	973	645	255	3238
运输车队	吨公里	300	—	13450	15835	1240	2415	33240

表4-1-8　合成车间产品生产工时统计表

产品名称	完工产品工时	月末在产品工时	合　计
盐酸	3828		3828
氯丙烯	2882	250	3132
合　计	6710	250	6960

表4-1-9　氯丙烯期初在产品成本表

年12月1日　　　　　　　　　　　　　　　　　　　　　　　单位：元

直接材料	直接人工	制造费用	合　计
5955.00	316.50	438.00	6709.50

表4-1-10　12月份工资结算汇总表

年12月10日

编号	单位部门		基本工资	工龄贴	奖金	津贴	加班费	应发工资	"五险一金"（个人负担）	实发工资	盖章
1	氯气车间	生产工人工资	111592.00	6000.00	16000.00	28980.00	17424.00	179996.00	7368.00	172628.00	
2		车间管理人员工资	13280.00	720.00	2000.00	3560.00	1056.80	20616.80	960.00	19656.80	
3	液态氯气车间	生产工人工资	1303237.20	49240.00	178000.00	394340.00	119040.00	2043857.20	10492.00	2033365.20	
4		车间管理人员工资	53720.00	2680.00	8000.00	15480.00	2798.40	82678.40	4120.00	78558.40	
5	合成车间	生产工人工资	352700.00	14000.00	58000.00	105340.00	52515.20	582555.20	24600.00	557955.20	
6		车间管理人员工资	27480.00	1640.00	4000.00	7840.00	1305.2	42265.20	2760.00	39505.20	
7	机修车间	生产工人工资	130320.00	5280.00	21400.00	60920.00	21581.60	239501.60	13996.00	225505.60	
8		车间管理人员工资	41280.00	2720.00	6000.00	11320.00	4430.00	65750.00	2920.00	62830.00	
9	运输车间	生产工人工资	183840.00	6000.00	32000.00	56960.00	28800.00	307600.00	6520.00	301080.00	
10		车间管理人员工资	25920.00	1640.00	4000.00	7920.00	2000.00	41480.00	2120.00	39360.00	
11	厂　部		418040.00	27400.00	66000.00	133380.00		644820.00	16108.00	628712.00	
合　计			2661409.20	117320.00	395400.00	826040.00	250951.20	4251120.40	91964.00	4159156.40	

2.实训耗材统计

材料名称	数　量
(1)付款凭证	14张
(2)转账凭证	54张
(3)三栏式明细账页	6张
(4)多栏式明细账页	9张
(5)数量金额式明细账页	3张

任务三　成本费用会计操作考评

【实训任务】

成本实训完成以后，进行结业考评。

【任务解析】

1.形式：结合本实训教程自己拟定题目，撰写实训总结。

2.考评：实行授课教师评定与实训总结相结合评定。

【实训教学内容】

(略)

项目二
成本会计岗位实训基础理论

项目目标

　　复习成本核算的基本理论，明确成本费用核算应建立的账户，了解要素费用归集和分配的过程，加深对成本费用核算程序的理解。

任务　成本会计基本理论

【实训任务】

　　通过学习，使学生了解成本会计的基本理论，加深对成本费用核算程序的理解。

【任务解析】

　　1.成本费用核算有关概念；

　　2.成本费用核算操作模块所需设置账户；

　　3.法律制度基础；

　　4.成本费用操作模块教学步骤；

　　5.成本费用核算程序。

【实训教学内容】

　　1.成本费用核算有关概念

　　（1）费用概念；

　　（2）成本概念；

　　（3）成本会计岗位实训模块概念。

　　成本会计岗位实训模块是指在成本费用核算中，模拟一个企业的成本费用核算程序，从建账，编制原始凭证、记账凭证及成本费用的归集与分配，到最终产品成本的计算，都以仿真的形式加以完成的教学操作模块，拟在培养学生实际操作能力，发挥学生的主观能动性，提高学生分析问题和解决问题的能力。

　　2.成本费用核算操作模块需设置的账户

　　（1）生产成本、制造费用、管理费用、销售费用、财务费用和库存商品总账。

　　（2）生产成本相关明细账、制造费用相关明细账、管理费用明细账和库存商品明细账。

3.法律制度基础

以2006年财政部颁发的《企业会计准则》为基础。

4.成本费用操作模块的教学步骤

（1）生产费用的归集与分配；

（2）各产品总成本及单位成本的计算；

（3）成本会计实训操作考评。

5.成本费核算程序

（1）根据原始凭证及其他有关资料编制材料、外购动力、工资及固定资产折旧等费用分配表。

（2）根据原始凭证及耗用材料、外购动力、工资及固定资产折旧等费用分配表登记有关明细账。

（3）编制辅助生产费用分配表。

（4）根据辅助生产费用分配表登记有关明细账。

（5）编制制造费用分配表。

（6）根据制造费用分配表登记有关明细账。

（7）结转完工产品成本并登记库存商品明细账。

项目三
成本会计实训账户立账指导

项目目标

进一步明确成本费用核算应建立的账户，完成实训应建账户。

任务　建立总分类账户和明细分类账户

【实训任务】

通过指导，使学生掌握建立实训所需总分类账户和明细分类账户的方法。

【任务解析】

1.建立总分类账户；

2.建立明细分类账户。

【实训教学内容】

1.建立总分类账户

建立"生产成本""制造费用""管理费用""销售费用""财务费用""库存商品"三栏式总分类账户。

2.建立明细分类账户

（1）建立"基本生产成本——氯气""基本生产成本——液态氯气""基本生产成本——盐酸""基本生产成本——氯丙烯"多栏式明细分类账户，按"直接材料""直接人工""制造费用"成本项目设专栏。

（2）建立"辅助生产成本——机修车间""辅助生产成本——运输车队"多栏式明细分类账户，按"直接材料""直接人工""制造费用"成本项目设专栏。

（3）建立"制造费用——氯气车间""制造费用——液态氯气车间""制造费用——合成车间"多栏式明细分类账户，按费用项目设专栏。

（4）建立"管理费用"多栏式明细分类账户，按费用项目设专栏。

（5）建立"库存商品"数量金额式明细分类账户。

项目四
材料费用的归集与分配实训指导

项目目标

熟练填写材料费用核算的原始凭证，掌握材料费用归集与分配的方法与程序，形成材料费用归集与分配的会计处理技能。

任务　材料费用的归集与分配实训

【**实训任务**】

通过指导，使学生认识材料费用的核算要求和核算方法，掌握材料费用核算程序。

【**任务解析**】

1.材料费用的核算要求；

2.材料费用的核算方法；

3.材料费用的核算程序。

【**实训教学内容**】

材料费用的归集与分配是指将生产过程领用的各种材料按发生的地点和经济用途归集分配到有关成本费用总分类账户及其所属各明细分类账户的有关成本项目或费用项目中。

1.材料费用核算要求

（1）认识发出材料的原始凭证

①领料单。见凭证4-4-1至4-4-27。

②原材料及主要材料耗用汇总分配明细表。见凭证4-4-28。

③原材料及主要材料费用分配汇总表。见凭证4-4-29。

④辅助材料耗用汇总分配明细表。见凭证4-4-30。

⑤辅助材料费用分配汇总表。见凭证4-4-31。

⑥修理用备件耗用汇总分配明细表。见凭证4-4-32。

⑦修理用备件费用分配汇总表。见凭证4-4-33。

⑧低值易耗品耗用汇总分配明细表。见凭证4-4-34、4-4-35。

⑨低值易耗品费用分配汇总表。见凭证4-4-36。

⑩包装物耗用汇总分配明细表及费用分配汇总表。见凭证4-4-37、4-4-38。

（2）理解材料耗用汇总分配明细表与材料费用分配汇总表按地点和用途归集分配的原理。

（3）认真审核材料发出业务的原始凭证。

（4）认真填写材料发出业务的记账凭证。

（5）认真登记材料发出业务的相关账户。

2.材料费用核算方法

（1）直接计入产品成本的材料费用，直接计入产品成本。

（2）间接计入产品成本的材料费用，间接计入产品成本。

3.材料费用核算程序

（1）填制完成领料单并将领料单分类汇总。

（2）根据汇总领料单的数据及计划单价编制各种材料的材料耗用汇总分配明细表。

（3）根据材料耗用汇总分配明细表编制材料费用分配汇总表。

（4）编制有关材料耗用分配的会计凭证并登记有关账户。

4-4-1

领料单

领料单位：氯气车间　　　　　　　　年12月1日　　　　　　　　　仓库号 料场

计划单价219元

类别编号	材料名称	规格	单位	数量		金额	用途
				请领	实发		
	原盐		吨	58.60	58.60		生产氯气

组长：　　　　　　　　　　　　　　领料人：赵强

4-4-2

领料单

领料单位：氯气车间　　　　　　　　年12月20日　　　　　　　　仓库号 料场

计划单价219元

类别编号	材料名称	规格	单位	数量		金额	用途
				请领	实发		
	原盐		吨	150	150		生产氯气

组长：　　　　　　　　　　　　　　领料人：赵强

4-4-3

领料单

领料单位：氯气车间　　　　　　　　年12月24日　　　　　　　　仓库号 料场

计划单价219元

类别编号	材料名称	规格	单位	数量		金额	用途
				请领	实发		
	原盐		吨	100	100		生产氯气

组长：　　　　　　　　　　　　　　领料人：赵强

4-4-4

领料单

领料单位：氯气车间　　　　　　　　年12月1日　　　　　　　　仓库号料场

计划单价290元

类别编号	材料名称	规格	单位	数量		金额	用途
				请领	实发		
	煤	粒粉	吨	92	92		生产氯气

组长：　　　　　　　　　　领料人：赵强

4-4-5

领料单

领料单位：氯气车间　　　　　　　　年12月20日　　　　　　　　仓库号料场

计划单价290元

类别编号	材料名称	规格	单位	数量		金额	用途
				请领	实发		
	煤	粒粉	吨	100	100		生产氯气

组长：　　　　　　　　　　领料人：赵强

4-4-6

领料单

领料单位：氯气车间　　　　　　　　年12月24日　　　　　　　　仓库号料场

计划单价290元

类别编号	材料名称	规格	单位	数量		金额	用途
				请领	实发		
	煤	粒粉	吨	100	100		生产氯气

组长：　　　　　　　　　　领料人：赵强

4-4-7

领料单

领料单位：**液态氯气车间**　　　　　　年12月1日　　　　　　仓库号**料场**

计划单价380元

类别编号	材料名称	规格	单位	数量		金额	用途
				请领	实发		
	硫酸		吨	28.80	28.80		生产液态氯气

组长：　　　　　　　　　　　　　　　　　　领料人：**张山**

4-4-8

领料单

领料单位：**液态氯气车间**　　　　　　年12月20日　　　　　　仓库号**料场**

计划单价380元

类别编号	材料名称	规格	单位	数量		金额	用途
				请领	实发		
	硫酸		吨	30	30		生产液态氯气

组长：　　　　　　　　　　　　　　　　　　领料人：**张山**

4-4-9

领料单

领料单位：**液态氯气车间**　　　　　　年12月24日　　　　　　仓库号**料场**

计划单价380元

类别编号	材料名称	规格	单位	数量		金额	用途
				请领	实发		
	硫酸		吨	24	24		生产液态氯气

组长：　　　　　　　　　　　　　　　　　　领料人：**张山**

4-4-10

领料单

领料单位：液态氯气车间　　　　　　　　年12月1日　　　　　　　　　　　仓库号01

计划单价600元

类别编号	材料名称	规格	单位	数量		金额	用途
				请领	实发		
	电极糊		吨	20	20		生产液态氯气

组长：　　　　　　　　　　　　　　　领料人：张山

4-4-11

领料单

领料单位：液态氯气车间　　　　　　　　年12月20日　　　　　　　　　　仓库号01

计划单价600元

类别编号	材料名称	规格	单位	数量		金额	用途
				请领	实发		
	电极糊		吨	10	10		生产液态氯气

组长：　　　　　　　　　　　　　　　领料人：张山

4-4-12

领料单

领料单位：液态氯气车间　　　　　　　　年12月24日　　　　　　　　　　仓库号01

计划单价600元

类别编号	材料名称	规格	单位	数量		金额	用途
				请领	实发		
	电极糊		吨	18	18		生产液态氯气

组长：　　　　　　　　　　　　　　　领料人：张山

4-4-13

领料单

领料单位：液态氯气车间　　　　　　年12月1日　　　　　　　　　仓库号03
　　　　　　　　　　　　　　　　　　　　　　　　　　　　　　计划单价3200元

| 类别编号 | 材料名称 | 规格 | 单位 | 数量 | | 金额 | 用途 |
				请领	实发		
	冷冻剂		吨	15	15		生产液态氯气

组长：　　　　　　　　　　　　　　领料人：张山

4-4-14

领料单

领料单位：合成车间　　　　　　　　年12月1日　　　　　　　　　仓库号02
　　　　　　　　　　　　　　　　　　　　　　　　　　　　　　计划单价3200元

| 类别编号 | 材料名称 | 规格 | 单位 | 数量 | | 金额 | 用途 |
				请领	实发		
	丙酮		千克	840	840		生产盐酸

组长：　　　　　　　　　　　　　　领料人：李建中

4-4-15

领料单

领料单位：合成车间　　　　　　　　年12月20日　　　　　　　　仓库号02
　　　　　　　　　　　　　　　　　　　　　　　　　　　　　　计划单价12元

| 类别编号 | 材料名称 | 规格 | 单位 | 数量 | | 金额 | 用途 |
				请领	实发		
	丙酮		千克	1000	1000		生产盐酸

组长：　　　　　　　　　　　　　　领料人：李建中

4-4-16

领料单

领料单位：**机修车间**　　　　　　　年12月4日　　　　　　　　　仓库号04

计划单价260元

类别编号	材料名称	规格	单位	数量		金额	用途
				请领	实发		
	煤炭		吨	5	5		一般耗用

组长：　　　　　　　　　　　　　　领料人：**石小宇**

4-4-17

领料单

领料单位：**机修车间**　　　　　　　年12月20日　　　　　　　　仓库号05

计划单价4300元

类别编号	材料名称	规格	单位	数量		金额	用途
				请领	实发		
	柴油		吨	0.1	0.1		一般耗用

组长：　　　　　　　　　　　　　　领料人：**石小宇**

4-4-18

领料单

领料单位：**机修车间**　　　　　　　年12月24日　　　　　　　　仓库号05

计划单价4300元

类别编号	材料名称	规格	单位	数量		金额	用途
				请领	实发		
	柴油		吨	0.1	0.1		一般耗用

组长：　　　　　　　　　　　　　　领料人：**石小宇**

4-4-19

领料单

领料单位：**机修车间**　　　　　　年12月27日　　　　　　仓库号05

计划单价4300元

类别编号	材料名称	规格	单位	数量		金额	用途
				请领	实发		
	柴油		吨	0.1	0.1		一般耗用

组长：　　　　　　　　　　　　领料人：**石小宇**

4-4-20

领料单

领料单位：**运输车队**　　　　　　年12月20日　　　　　　仓库号04

计划单价260元

类别编号	材料名称	规格	单位	数量		金额	用途
				请领	实发		
	煤炭		吨	5	5		取暖

组长：　　　　　　　　　　　　领料人：**柴光荣**

4-4-21

领料单

领料单位：**运输车队**　　　　　　年12月1日　　　　　　仓库号05

计划单价5754元

类别编号	材料名称	规格	单位	数量		金额	用途
				请领	实发		
	汽油	70#	吨	2	2		自用

组长：　　　　　　　　　　　　领料人：**柴光荣**

4-4-22

领料单

领料单位：**运输车队**　　　　　　年12月20日　　　　　　　　　仓库号05

计划单价5754元

类别编号	材料名称	规格	单位	数量		金额	用途
				请领	实发		
	汽油	70#	吨	2.5	2.5		自用

组长：　　　　　　　　　　　　　领料人：**柴光荣**

4-4-23

领料单

领料单位：**运输车队**　　　　　　年12月24日　　　　　　　　　仓库号05

计划单价5754元

类别编号	材料名称	规格	单位	数量		金额	用途
				请领	实发		
	汽油	70#	吨	3	3		自用

组长：　　　　　　　　　　　　　领料人：**柴光荣**

4-4-24

领料单

领料单位：**运输车队**　　　　　　年12月24日　　　　　　　　　仓库号05

计划单价5754元

类别编号	材料名称	规格	单位	数量		金额	用途
				请领	实发		
	汽油	70#	吨	2	2		自用

组长：　　　　　　　　　　　　　领料人：**柴光荣**

4-4-25

领料单

领料单位：**运输车队**　　　　　　　　　年12月27日　　　　　　　　　　　　仓库号05

计划单价5754元

类别编号	材料名称	规格	单位	数量		金额	用途
				请领	实发		
	汽油	70#	吨	0.5	0.5		自用

组长：　　　　　　　　　　　　　　　领料人：**柴先荣**

4-4-26

领料单

领料单位：**运输车队**　　　　　　　　　年12月27日　　　　　　　　　　　　仓库号05

计划单价5754元

类别编号	材料名称	规格	单位	数量		金额	用途
				请领	实发		
	汽油	70#	吨	2.9	2.9		自用

组长：　　　　　　　　　　　　　　　领料人：**柴先荣**

4-4-27

领料单

领料单位：**合成车间**　　　　　　　　　年12月24日　　　　　　　　　　　　仓库号05

计划单价5754元

类别编号	材料名称	规格	单位	数量		金额	用途
				请领	实发		
	丙烯		千克	1900	1900		生产氯丙烯

组长：　　　　　　　　　　　　　　　领料人：**李建中**

4-4-28

原材料及主要材料耗用汇总分配明细表

年12月31日 单位：元

材料名称	单位	单价	总耗用		氯气车间		液态氯气车间		合成车间				机修车间		运输车队	
									盐酸		氯丙烯					
			数量	金额	数量	金额	数量	金额	数量	金额	数量	金额	数量	金额	数量	金额
硫酸	吨	380.00														
原盐	吨	219.00														
煤（粒粉）	吨	290.00														
丙酮	千克	12.00														
丙烯	千克	6.20														
冷冻剂	吨	3200.00														
电极糊	吨	3500.00														
煨炭	吨	260.00														
汽油	吨	5754.00														
	吨	4300.00														
合计	—															

审核：刘华　　　　　　　　　　　　　　　　　　　　制表：乌云

4-4-29

原材料及主要材料费用分配汇总表

12月31日 单位：元

应借科目		原料及主要材料		实际成本
		计划成本	差异额	
生产成本——基本生产成本	氯气			
	液态氯气			
	盐酸			
	氯丙烯			
生产成本——辅助生产成本	机修车间			
	运输车队			
合　计				

注：原材料成本差异率为-4.91%。

4-4-30

辅助材料耗用汇总分配明细表

年12月31日　　　　　　　　　　　　　　　　单位：元

材料类别	材料名称	规格	单位	单价	总耗用		氯气车间		液态氯气车间		合成车间 盐酸		合成车间 氯丙烯		机修车间		运输车队		厂部	
					数量	金额	数量	金额	数量	金额	数量	金额	数量	金额	数量	金额	数量	金额	数量	金额
黑色金属	螺纹钢	φ28	吨	3500.00																
	扁钢		吨	2800.00																
	圆钢	φ8-φ28	吨	8500.00																
	薄钢	S=0.5	吨	3800.00																
	垫板	S=1.5	吨	2260.00																
	中板	S=6	吨	3000.00																
	焊管	0.5″	吨	2500.00																
	焊管	1″	吨	2900.00																
	圆锌管	φ7×1.5	吨	3500.00																
	角铁	3#	吨	3000.00																
	钢丝绳	φ14	吨	9000.00																
有色金属	紫铜管	φ6×1	吨	75000.00																
	黄铜管	0.5×600×1500	吨	45000.00																
	铜点焊条	φ5	吨	60000.00																
	铜母线		吨	67000.00																
建筑材料	水泥	525#	吨	380.00																
	玻璃	S=3	m²	38.00																
	油灰		kg	2.00																
	板材		kg	73.00																
电器材料	拉盒		个	10.00																
	灯口		个	1.60																
小　计																				

续4-4-30

材料类别	材料名称	规格	单位	单价	总耗用数量	总耗用金额	氯气车间数量	氯气车间金额	液态氯气车间数量	液态氯气车间金额	合成车间盐酸数量	合成车间盐酸金额	合成车间氯丙烯数量	合成车间氯丙烯金额	机修车间数量	机修车间金额	运输车队数量	运输车队金额	厂部数量	厂部金额
电器材料	机床灯		个	132.00																
	吊盒		个	10.00																
	灯泡	100W	个	10.00																
	镇流器	40W	个	24.00																
	转向灯		个	35.00																
其他	倒车镜		个	50.00																
	清漆		kg	60.00																
	红砖		块	1.00																
	耐火砖	D14-09甲型	块	2.90																
	扫把		把	18.00																
	手机充电器		只	66.00																
	三极管		支	30.00																
	启灯器		个	10.00																
	插头		个	5.22																
	铅丝	22#	kg	19.00																
	乳胶		瓶	75.00																
	合页		副	13.50																
	圆钉		斤	8.50																
	去污剂	ST-100	桶	300.00																
	有机玻璃	3m/m	kg	95.00																
小　计																				
合　计																				

4-4-31

辅助材料费用分配汇总表

年12月31日　　　　　　　　　　　　　　　　　单位：元

应借科目		辅助材料		
		计划成本	差异额	实际成本
制造费用	氯气车间			
	液态氯气车间			
	合成车间			
生产成本——辅助生产成本	机修车间			
	运输车队			
管理费用				
合　计				

注：辅助材料成本差异率为-4.91%

4-4-32

修理用备件耗用汇总分配明细表

年12月31日　　　　　　　　　　　　　　　　　单位：元

材料名称	规格	单位	单价	总耗用		氯气车间		液态氯气车间		合成车间 盐酸		合成车间 氯丙烯		机修车间		运输车队		厂部	
				数量	金额	数量	金额	数量	金额	数量	金额	数量	金额	数量	金额	数量	金额	数量	金额
齿条轮轴		个	300.00																
轴套		个	100.00																
制动器		台	900.00																
刹车片		片	188.00																
提升机油		根	40.00																
水泵轴		根	180.00																
卷扬机轴		根	90.00																
皮带机轴		根	90.00																
压力弹簧	3mm	个	50.00																
压力弹簧	4.5mm	个	60.00																
滑轮		个	108.00																
齿轮	φ660	个	820.00																
伞齿轮		个	100.00																
三联齿轮		个	60.00																
二联齿轮	C101	个	220.00																
汽车内胎	825-16	个	770.00																
汽车内胎	750-16	个	490.00																
轴承		个	84.00																
滚动轴承		个	104.00																
主动齿轮		个	880.00																
合　计																			

审核：刘华　　　　　　　　　　　　　　　　　　　制表：乌云

4-4-33

修理用备件费用分配汇总表

年12月31日   单位：元

应借科目		修理用备件		
		计划成本	差异额	实际成本
制造费用	氯气车间			
	液态氯气车间			
	合成车间			
生产成本——辅助生产成本	机修车间			
	运输车队			
合　计				

审核：刘华   制表：乌云

注：修理用备件成本差异率为-4.91%

4-4-34

低值易耗品耗用汇总分配明细表

年12月31日　　　　　　　　　　　　　　　　　　单位：元

材料类别	材料名称	单位	单价	总耗用		氯气车间		液态氯气车间		合成车间 盐酸		合成车间 氯丙烯		机修车间		运输车队		厂部	
				数量	金额	数量	金额	数量	金额	数量	金额	数量	金额	数量	金额	数量	金额	数量	金额
劳保用品	防毒面具	个	290.00																
	肥皂	块	2.10																
	毛巾	条	10.00																
	线手套	副	11.5																
	工作服	套	85.00																
	绝缘体	双	66.00																
	劳保眼镜	副	45.00																
	防尘帽	顶	40.00																
	水裤	条	105.00																
管理用具	床单	条	45.00																
	被罩	个	90.00																
	暖瓶	个	50.00																
	茶杯	个	8.00																
	计算器	个	20.00																
	算盘	个	20.00																
	会计柜	个	60.00																
	脸盆	个	14.00																
	石英钟	只	50.00																
	锁	把	15.00																
	伪钞鉴别仪	台	350.00																
小　计																			

审核：刘华　　　　　　　　　　　　　　　　　　制表：乌云

4-4-35

低值易耗品耗用汇总分配明细表

年12月31日　　　　　　　　　　　　　　单位：元

材料类别	材料名称	材料规格	单位	单价	总耗用		氯气车间		液态氯气车间		合成车间				机修车间		运输车队		厂部	
											盐酸		氯丙烯							
					数量	金额	数量	金额	数量	金额	数量	金额	数量	金额	数量	金额	数量	金额	数量	金额
工具类	组合工具		套	180.00																
	焊嘴		个	60.00																
	割嘴		个	58.00																
	割板		个	330.00																
	回火器		个	350.00																
	乙炔表		块	600.00																
	氧气表		块	600.00																
	皮老虎		个	220.00																
	左右偏刀		把	65.00																
	油封		个	28.00																
	撬棍		根	159.00																
	汽车扳手		个	195.00																
动力设备	电机	6/7.5 kW	台	5100.00																
	起重电机	TEKU-6/2K kW	台	5923.00																
劳保用品	安全帽		顶	26.00																
	劳保皮鞋		双	56.00																
	口罩		个	5.00																
小 计																				
合 计																				

审核：刘华　　　　　　　　　　　　　　　　　　　　制表：乌云

4-4-36

低值易耗品耗用汇总分配明细表

年12月31日 单位：元

应借科目		低值易耗品		实际成本
		计划成本	差异额	
制造费用	氯气车间			
	液态氯气车间			
	合成车间			
生产成本——辅助生产成本	机修车间			
	车队			
管理费用				
合　计				

注：低值易耗品成本差异率为4.04%

4-4-37

包装物耗用汇总分配明细表

年12月31日 单位：元

材料类别	材料规格	单　位	单　价	耗用		用途及计价方式
				数　量	金　额	
钢瓶		个	85.00	3000		生产盐酸
钢桶		个	85.00	3000		生产氯丙烯
合　计						

审核：刘华　　　　　　　　　　　　　　制表：乌云

4-4-38

材料费用分配汇总表

年12月31日 单位：元

应借科目		包装物		实际成本
		计划成本	差异额	
生产成本——基本生产成本	盐酸			
	氯丙烯			
合　计				

注：包装物成本差异率为-6.72%

项目五
动力费用的归集与分配实训指导

项目目标

熟练填写动力费用核算的原始凭证，掌握动力费用归集与分配的方法与程序，形成动力费用归集与分配的会计处理技能。

任务　动力费用的归集与分配实训

【实训任务】

通过指导，使学生认识动力费用的核算要求和核算方法，掌握动力费用核算程序。

【任务解析】

1.动力费用的核算要求；

2.动力费用的核算方法；

3.动力费用的核算程序。

【实训教学内容】

企业耗用的动力源于外购动力（水电），其归集与分配是将生产中发生的动力（水电）按发生的地点和用途归集，并分配至有关成本费用的总分类账户及其所属明细账户的成本项目或费用项目中。

1.动力费用的核算要求

（1）认识动力费用发生的原始凭证。

外购动力费用分配表见4-5-1、4-5-2、4-5-3、4-5-4。

（2）理解动力费用按地点和用途归集与分配的原理。

（3）认真审核外购动力费用的原始凭证。

（4）认真填写外购动力费用的记账凭证。

（5）认真登记外购动力费用的相关凭证。

2.动力费用的核算方法

（1）生产一种产品的动力费用，直接计入产品生产成本中。

（2）生产多种产品的动力费用，应根据各车间、各部门安装的仪表记录，能确定每种产品动力耗用量的，直按计入各种产品成本计算单内，不能确定每种产品动力耗用量的，应采用分配的方法计入产品成本计算单内。

3.动力费用的核算程序

（1）计算外购动力费用分配率。

（2）编制外购动力费用分配表。

（3）编制有关外购动力费用分配的会计凭证并登记有关账户。

4-5-1

外购电力费用分配表

年12月31日　　　　　　　　　　　　　　　　　　　　单位：元

应 借 科 目		成本或费用项目	电 费 分 配	
			用电度数	分配金额
基本生产成本	氯气	直接材料	17700	
	液态氯气	直接材料	1635000	
	盐酸	直接材料	10750	
	氯丙烯	直接材料	10200	
	小计		1673650	
制造费用	氯气车间	水电费	325	
	液态氯气车间	水电费	390	
	合成车间	水电费	485	
	小计		1200	
辅助生产成本	机修车间	直接材料	6500	
	运输车队	直接材料	1000	
	小计		7500	
管理费用		水电费	3435	
合　计			1685785	741745.40

审核：刘华　　　　　　　　　　　　　　　　　制表：乌云

4-5-2

包头市供电局电费结算清单

年12月31日

单位：元

项　　目	金　　额	备　　注
本月应收电费	￥741745.40	用电单位： 包头鹿兴化工厂
应收电费增值税	￥126096.72	
计划结算已收	0	
应收合：￥867842.12		

4-5-3

外购自来水费用分配表

年12月31日

应 借 科 目		成本或费用项目	水费分配	
			用水吨数	分配金额
基本 生产 成本	氯气	直接材料	10000	
	液态氯气	直接材料	11250	
	盐酸	直接材料	12500	
	氯丙烯	直接材料	11250	
	小计		25000	
制造 车间	氯气车间	水电费	875	
	液态氯气车间	水电费	750	
	合成车间	水电费	750	
	小计		2375	
辅助 生产 成本	机修车间	直接材料	2000	
	运输车队	直接材料	625	
	小计		2625	
管理费用		水电费	3750	
合　　计			53750	107500

审核：刘华　　　　　　　　　　　　　　　　　　　制表：乌云

4-5-4

包头市自来水公司水费结算清单

年12月30日　　　　　　　　　　　　　　　　　单位：元

项　　目	金　　额	备　注
本月应收水费	￥107500	用水单位： 包头鹿兴化工厂
应收水费增值税	￥18275	
计划结算已收	0	
应收：￥125775		

项目六
应付职工薪酬的归集与分配实训指导

项目目标

　　熟练填写应付职工薪酬的原始凭证，掌握应付职工薪酬的归集与分配的方法与程序，形成应付职工薪酬归集与分配的会计处理技能。

任务　应付职工薪酬的归集与分配实训

【实训任务】

　　通过指导，使学生认识应付职工薪酬的核算要求和核算方法，掌握应付职工薪酬核算程序。

【任务解析】

　　1.应付职工薪酬的核算要求；

　　2.应付职工薪酬的核算方法；

　　3.应付职工薪酬的核算程序。

【实训教学内容】

　　职工薪酬是指企业为获得职工提供的服务或解除劳动关系而给予的各种形式的报酬或补偿。职工薪酬包括短期薪酬、离职后福利、辞退后福利和其他长期职工福利。企业提供给职工配偶、子女、受赡养人、已故遗属及其他受益人等的属利，也属于职工薪酬。

　　短期薪酬包括：

　　（1）职工工资、奖金、津贴和补贴。

　　（2）职工福利费。

　　（3）医疗保险费、工伤保险费和生育保险费等社会保险费。

　　（4）住房公积金。

　　（5）工会经费、职工教育经费。

　　（6）短期带薪缺勤。

　　（7）短期利润分享计划。

　　（8）其他短期薪酬。

1.应付职工薪酬核算要求

（1）认识应付职工薪酬核算的原始凭证。

分析工资结算汇总表的组成项目，学习工资费用分配表的编制方法。

（2）理解应付职工薪酬的分配原理。

2.应付职工薪酬核算方法

（1）在计件工资制下，或只生产一种产品的计时工资制下，应付职工薪酬应直接计入有关资产成本或当期损益。

（2）在生产多种产品实行计时工资制下，采用适当的方法分配计入相关资产成本或当期损益。

3.应付职工薪酬核算程序

（1）根据工资结算汇总表的有关数据，编制工资费用分配表，见4-6-1。

（2）根据工资费用分配表编制工资附加费计算表，见4-6-2、4-6-3。

（3）编制有关会计凭证并登记有关账户。

4-6-1

工资费用分配表

年12月31日　　　　　　　　　　　　　　　　　单位：元

借方科目	氯气车间	液态氯气车间	合成车间	机修车间	运输车队	厂部	合计
生产成本——基本生产成本——氯气							
——液态氯气							
——盐酸							
——氯丙烯							
生产成本——辅助生产成本							
制造费用							
管理费用							
合　计							

审核：刘华　　　　　　　　　　　　　　　　　制表：乌云

4-6-2

工资附加费计算表

年12月31日 单位：元

车间或部门		工资总额	职工福利费 10%	工会经费 2%	职工教育费 1.5%	合 计
氯气车间	生产工人					
	管理人员					
液态氯气车间	生产工人					
	管理人员					
合成车间	生产工人					
	管理人员					
机修车间	生产工人					
	管理人员					
运输车队	生产工人					
	管理人员					
管理部门						
合 计						

审核：刘华 制表：乌云

4-6-3

合成车间工资及工资附加费分配表

年12月31日　　　　　　　　　　　　　　　　　单位：元

产品名称	生产工时	工资分配率	工资分配额	工资附加费（13.5%）	合　计
盐酸					
氯丙烯					
合　计					

审核：刘华　　　　　　　　　　　　　　　　　　　制表：乌云

项目七
其他要素费用的归集与分配实训指导

项目目标

熟练填写其他要素费用的原始凭证，掌握其他要素费用的归集与分配的方法与程序，形成其他要素费用归集与分配的会计处理技能。

任务　其他要素费用的归集与分配实训

【实训任务】

通过讲述，使学生认识其他要素费用的核算要求和核算方法，掌握其他要素费用的核算程序。

【任务解析】

1.其他要素费用的核算内容；

2.其他要素费用的核算要求；

3.其他要素费用的核算程序。

【实训教学内容】

1.其他要素费用的核算内容

其他要素费用包括折旧费、利息支出、税金、其他支出。其他要素费用项目纷杂，数额较小，故不单独设为成本项目。发生其他费用时，应根据有关凭证按费用发生的地点和用途，分别计入"生产成本——辅助生产成本""制造费用""管理费用""财务费用""销售费用"账户的借方相应项目内。

2.其他要素费用核算要求

（1）认真审核其他要素费用发生的原始凭证。

（2）正确判断其他要素费用的分配去向及核算账户。

3.其他要素费用核算程序

（1）折旧费用的归集与分配

①根据固定资产原值余额表，按车间、部门及固定资产类别，判定应计折旧原值及折旧率。

②编制固定资产折旧计算表，见4-7-1。

③编制计提固定资产折旧的记账凭证并登记有关账户。

（2）支付机修车间管理人员市内差旅费，并编制记账凭证，见表4-7-2。

（3）支付液态氯气车间管道清理费，并编制记账凭证，见表4-7-3、4-7-4。

（4）根据借款利息费用表编制记账凭证，见4-7-5。

（5）根据报纸杂志费用明细表及无形资产摊销明细表编制记账凭证，见4-7-6、4-7-7。

（6）支付液态氯气车间和行政管理部门发生的固定资产修理费，并编制记账凭证，见4-7-8、4-7-9。

4-7-1

固定资产折旧计提表

年12月31日   单位：元

使用单位	固定资产类别	月初应计折旧固定资产原值	月分类折旧率(‰)	月折旧额(元)
氯气车间	房屋、建筑物			
	生产设备			
	小　计			
液态氯气车间	房屋、建筑物			
	生产设备			
	小　计			
合成车间	房屋、建筑物			
	生产设备			
	小　计			
机修车间	房屋、建筑物			
	生产设备			
	小　计			
运输车队	房屋、建筑物			
	生产设备			
	小　计			
管理部门	房屋、建筑物			
	生产设备			
	小　计			
合　计				

审核：刘华   制表：乌云

4-7-2

差旅费报销单

部门：机修车间　　　　　　　　报销日期：　年12月7日

出差人：郭新、李力、陈华								出差事由：购买修理设备						
出 发				到 达					交 通			出差补助		其他费用金额	
月	日	时	地点	月	日	时	地点	人数	工具	金额	天数	补助标准	金额	住宿费用	市内交通	合计
11	27	13:38	包头	11	27	21:50	天津	3	火车	279						
11	28	07:15	天津	11	28	09:20	西安	3	飞机	1890	4	200	800	1440	400	
11	30	15:42	西安	12	1	05:54	包头	3	火车	600						
金　额										2769			800	1440	400	5409

报销总额	人民币（大写)伍仟肆佰零玖元整	包头鹿兴化工厂　年12月7日　现金付讫		预借金额	
				退/补金额	

领导批示 略　　部门主管 略　　财务主管 略　　会计 略　出纳 略　领款人 略

注：其他报销原始凭证略

4-7-3

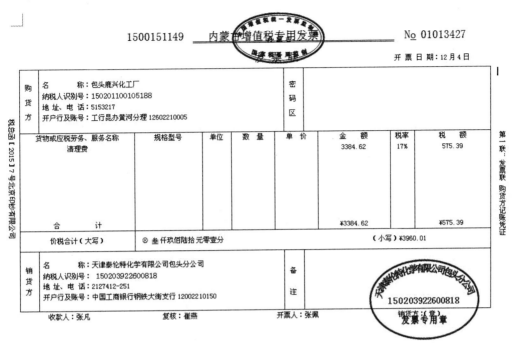

内蒙古增值税专用发票

1500151149　　　　　　　　　　　　　　　　No 01013427

开票日期：12月4日

购货方	名　称：包头鹿兴化工厂　纳税人识别号：150201100105188　地址、电话：5153217　开户行及账号：工行昆办黄河分理12602210005					密码区			
货物或应税劳务、服务名称	规格型号	单位	数量	单价		金额	税率	税额	
清理费						3384.62	17%	575.39	
合　计						¥3384.62		¥575.39	
价税合计（大写）	⊗ 叁仟玖佰陆拾元零壹分						（小写）¥3960.01		
销货方	名　称：天津泰伦特化学有限公司包头分公司　纳税人识别号：150203922600818　地址、电话：2127412-251　开户行及账号：中国工商银行钢铁大街支行12002210150					备注			

收款人：张凡　　　　复核：崔燕　　　　开票人：张佩

天津泰伦特化学有限公司包头分公司
150203922600818
发票专用章

4-7-4

中国工商银行
转账支票存根
BL02 02568527

附加信息

出票日期：　年12月24日

收款人	天津泰伦特化学有限公司包头分公司
金　额	¥3960.01
用　途：液态氯气车间清理费	
单位主管　　会计	

4-7-5

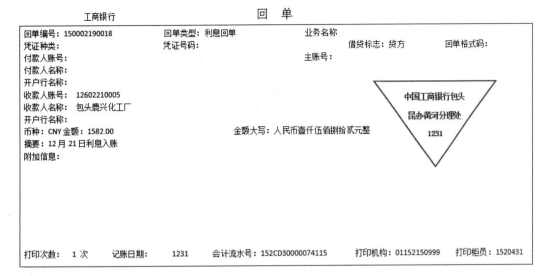

工商银行　　　　　　　　　　　　回　单

回单编号: 150002190018	回单类型: 利息回单	业务名称		
凭证种类:	凭证号码:		借贷标志: 贷方	回单格式码:
付款人账号:		主账号:		
付款人名称:				
开户行名称:				
收款人账号: 12602210005				
收款人名称: 包头鹿兴化工厂				
开户行名称:				
币种: CNY 金额: 1582.00		金额大写: 人民币壹仟伍佰捌拾贰元整		
摘要: 12 月 21 日利息入账				
附加信息:				

中国工商银行包头
昆办黄河分理处
1231

| 打印次数: 1 次 | 记账日期: 1231 | 会计流水号: 152CD30000074115 | 打印机构: 01152150999 | 打印柜员: 1520431 |

注: 前两个月已预提1054.67元。

4-7-6

报纸杂志费用分配表

年12月31日　　　　　　　　　　　　　　　　　　　单位：元

应借科目	金　额
管理费用	167.35
合　计	167.35

审核：刘华　　　　　　　　　　　　　　　　　　制表：乌云

4-7-7

无形资产摊销分配表

年12月31日　　　　　　　　　　　　　　　　　　　单位：元

无形资产	价值	购入时间	受益年限	已摊销价值	本月摊销	摊余价值
节电专利	54000	年11月	10年	450	450	53100
合　计	54000	—	—	450	450	53100

审核：刘华　　　　　　　　　　　　　　　　　　制表：乌云

4-7-8

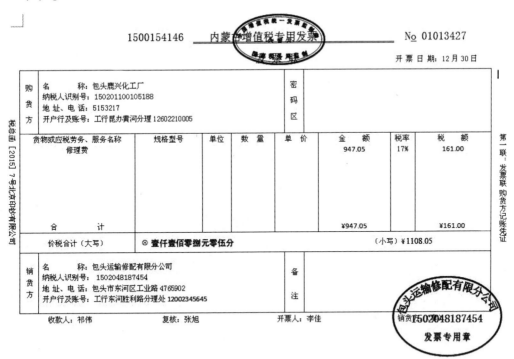

				内蒙古增值税专用发票				No 01013427		

1500154146

开票日期：12 月 30 日

购货方	名　　称：包头鹿兴化工厂 纳税人识别号：150201100105188 地　址、电话：5153217 开户行及账号：工行昆办黄河分理12602210005			密码区				
货物或应税劳务、服务名称	规格型号	单位	数量	单价	金　额	税率	税　额	
修理费					947.05	17%	161.00	
合　　计					¥947.05		¥161.00	
价税合计（大写）	⊗ 壹仟壹佰零捌元零伍分					（小写）¥1108.05		
销货方	名　　称：包头运输修配有限分公司 纳税人识别号：1502048187454 地　址、电话：包头市东河区工业路 4765902 开户行及账号：工行东河胜利路分理处 12002345645			备注				

收款人：祁伟　　　复核：张旭　　　开票人：李佳

（销货方：包头运输修配有限分公司 1502048187454 发票专用章）

4-7-9

中国工商银行
转账支票存根
BL
02　02568528

附加信息

出票日期：　年 12 月 30 日
收款人：包头运输修配有限分公司
金　额：¥1108.05
用　途：汽车氩气车间和管理部门修理费
单位主管　　会计

项目八
辅助生产费用的归集与分配实训指导

项目目标

　　填写辅助生产费用的原始凭证，掌握辅助生产费用的归集与分配的方法与程序，形成辅助生产费用归集与分配的会计处理技能。

任务　辅助生产费用的归集与分配实训

【实训任务】

　　通过指导，使学生认识辅助生产费用的核算要求和核算方法，掌握辅助生产费用的核算程序。

【任务解析】

　　1.辅助生产费用的核算内容；

　　2.辅助生产费用的核算要求；

　　3.辅助生产费用的核算方法及程序；

　　4.相关资料。

【实训教学内容】

　　1.辅助生产费用的核算内容

　　（1）辅助生产的性质

　　辅助生产是为基本生产和管理部门服务而进行的产品生产和劳务供应，如工具、修理用配件等产品的生产及供水、供气、机修、车队运输等劳务供应。辅助生产车间所发生的各种费用是企业产品生产过程中的必要劳动耗费，因此必须正确组织生产费用的核算。

　　（2）辅助生产费用的归集

　　辅助生产费用的归集与分配是通过设置"生产成本——辅助生产成本"账户进行的，借方反映辅助生产车间生产产品和提供劳务所耗用的材料、动力、工资及福利费、折旧费、修理费及其他费用。月终将归集在"辅助生产成本"明细账户的费用根据生产产品数量和提供劳务的用途，采用一定的分配方法，将完工验收入库的产品实际成本及受益单位应负担的劳务实际成本从"辅助生产成本"明细账户贷方，分别转入各有关账户的借方，若生产产品则该账户月末余额反映未完工产品，若提供劳务，则该账户月末无余额。

（3）辅助生产对各基本受益单位提供产品或劳务费用的分配方法

基本受益单位是指本企业内除辅助生产车间之外一切耗用辅助生产产品或劳务的单位，包括基本生产车间、企业管理部门以及企业福利部门等。

按辅助生产性质不同，其成本计算及费用分配结转的方法也有所不同。

①提供产品的辅助生产费用分配

生产产品的辅助生产车间，应按生产特点正确组织产品成本核算，其方法同产品成本计算方法。

②提供劳务的辅助生产费用分配

提供劳务的辅助生产车间，其产品没有固定的实物形态，不能入库保管，也不存在期末在产品。在只设有一个提供劳务辅助生产车间的情况下，可直接将提供的劳务所发生的费用按"受益原则"在各基本受益单位之间进行分配，方法有两种：

第一，按实际成本计价分配；

第二，按计划成本计价分配。

（4）辅助生产车间之间的劳务费用分配方法

在某些大中型企业中设有多个辅助生产车间，它们除向基本受益单位提供产品和劳务外，相互之间也存在产品或劳务的供应情况。为了正确计算各辅助生产车间的产品或劳务成本，首先必须解决多个辅助生产车间之间的劳务费用交互分配问题，通常采用的分配方法有：

①直接分配法；

②交互分配法；

③计划成本分配法；

④代数分配法；

⑤顺序分配法。

2.辅助生产费用的核算要求

（1）理解辅助生产的性质及作用。

（2）熟悉辅助生产车间之间及其与基本受益单位之间的关系。

（3）审查辅助生产费用发生的正确性。

3.辅助生产费用核算方法及程序

（1）方法

本操作模块采用交互分配法分配机修车间及运输车队的辅助生产费用。

（2）程序

①结出机修车间、运输车队辅助生产明细账当月发生额。

②根据辅助生产车间劳务供应资料编制辅助生产费用交互分配表，分配辅助生产

费用。

③编制辅助生产费用分配记账凭证，并登记有关账户。

4.相关资料

辅助生产费用分配表，见4-8-1。

4-8-1

辅助生产费用交互分配表

年12月31日   单位：元

项　目			交互分配			对外分配		
辅助生产车间名称			机修车间	运输车队	合计	机修车间	运输车队	合　计
待分配费用								
供应数量总额								
费用分配率（单位成本）								
辅助车间耗用	机修车间	数　量						
		金　额						
	运输车队	数　量						
		金　额						
氯气车间	数　量							
	金　额							
液态氯气车间	数　量							
	金　额							
合成车间	数　量							
	金　额							
厂部耗用	数　量							
	金　额							
分配金额合计								

审核：刘华   制表：乌云

项目九
制造费用的归集与分配实训指导

项目目标

　　熟练填写制造费用的原始凭证，熟练掌握制造费用的归集与分配的方法与程序，形成制造费用的归集与分配的会计处理技能。

任务一　制造费用的归集与分配核算的基础知识

【实训任务】

　　通过讲述，使学生了解制造费用归集与分配核算的基础知识。

【任务解析】

　　1.制造费用的性质；

　　2.制造费用的归集；

　　3.制造费用的分配。

【实训教学内容】

　　1.制造费用的性质

　　制造费用是企业基本生产车间为管理和组织生产所发生的各项费用。

　　2.制造费用的归集

　　每个基本生产车间发生的制造费用，按其发生地点和用途计入"制造费用"账户借方及相应明细账户的费用项目中。月终汇集于"制造费用"账户借方的总额，应全部转入"生产成本——基本生产成本"账户借方，并采用一定的分配标准在各成本计算对象之间进行分配，计入各产品成本明细账的"制造费用"成本项目中。

　　3.制造费用的分配

　　（1）同一车间生产一种产品，制造费用直接计入基本生产成本明细账。

　　（2）生产多种产品的车间，制造费用分配转入基本生产成本明细账。制造费用的分配标准一般有生产工时法、直接成本法、计划分配法等。为了使分配结果尽可能符合制造费用发生及受益的实际情况，企业应根据制造费用的构成特点，适当选择费用分配标准。

任务二　　制造费用的归集与分配的核算实训

【实训任务】

通过指导，使学生认识制造费用的核算要求和核算方法，掌握制造费用的核算程序。

【任务解析】

1.制造费用的归集与分配的核算要求；

2.制造费用的分配方法；

3.相关资料。

【实训教学内容】

1.制造费用的归集与分配的核算要求

（1）理解制造费用的性质和构成。

（2）熟悉制造费用的分配方法。

（3）审核制造费用发生的正确性。

2.制造费用核算程序

（1）结出各基本生产车间当月制造费用发生额。

（2）编制制造费用分配表分配各车间产品成本，合成车间按生产工时比例分配。

（3）编制制造费用分配的记账凭证并登记有关账户。

3.相关资料

制造费用分配见4-9-1、4-9-2、4-9-3。

4-9-1

制造费用分配表

年12月31日

（氯气车间）　　　　　　　　　　　　　　　　　　　　　　单位：元

应借账户	生产工时	分配率	分配金额
生产成本——基本生产成本——氯气			
合　计			

审核：刘华　　　　　　　　　　　　　　　　　制表：乌云

4-9-2

制造费用分配表

年12月31日

（液态氯气车间）　　　　　　　　　　　　　　　　　　　单位：元

应借账户	生产工时	分配率	分配金额
生产成本——基本生产成本——液态氯气			
合　计			

审核：刘华　　　　　　　　　　　　　　　　　制表：乌云

4-9-3

制造费用分配表

年12月31日

（合成车间）　　　　　　　　　　　　　　　　　　　　　单位：元

应借账户	生产工时	分配率	分配金额
生产成本——基本生产成本——盐酸			
——基本生产成本——氯丙烯			
合　计			

审核：刘华　　　　　　　　　　　　　　　　　制表：乌云

项目十
成本计算方法操作实训指导

任务一　产品成本计算方法的基础知识

【实训任务】

　　通过讲述，使学生了解产品成本计算方法的基础知识。

【任务解析】

　　1.企业的生产特点；

　　2.产品成本计算方法的形成。

【实训教学内容】

　　成本计算方法的基本特征是由成本计算对象的特点所决定的，所以成本计算对象是划分成本计算方法的基本标志。由于企业的生产特点和成本管理要求不同，决定了有三种不同的成本计算对象，因而也相应地形成了三种不同的成本计算的基本方法，即品种法、分批法和分步法。

　　1.企业的生产特点

　　（1）按照生产工艺过程的特点，可分为单步骤生产和多步骤生产。

　　（2）按照生产组织的特点，可分为大量生产、成批生产和单件生产。

　　2.产品成本计算方法的形成

　　（1）单步骤大量生产或多步骤大量、大批生产而不要求按步骤核算的，以全厂某一封闭车间生产的某种产品为成本计算对象，形成品种法。

　　（2）多步骤大量、大批生产，并要求按步骤核算的，以各步骤生产的半成品和最后步骤的产品为成本计算对象，形成分步法。

　　（3）多步骤单件、小批生产，以全厂或车间生产的某一件或某一批产品为成本计算对象，形成分批法。

　　以上三种方法为产品成本计算的基本方法，此外，还有三种辅助方法，即分类法、定额比例法和系数法。

任务二　产品成本计算方法实训

【实训任务】

通过讲述，使学生认识产品成本计算操作要求，掌握产品成本计算方法及程序。

【任务解析】

1.产品成本计算操作要求；

2.产品成本计算方法及程序；

3.相关资料。

【实训教学内容】

1.产品成本计算操作要求

（1）熟悉企业生产特点，确定成本计算方法。

（2）了解生产产品的工艺流程及其相互关系。

（3）认真审核各成本项目发生额及生产成本的日常记录的正确性，以确保正确计算产品总成本和单位产品成本。

2.产品成本计算方法及程序

（1）方法

本实训模块采取综合结转分步法进行成本计算。

（2）程序

①氯气车间成本计算

第一、根据审核无误的各种费用分配表及记账凭证，登记氯气车间生产成本明细账。

第二、编制氯气产品成本计算单，计算氯气总成本及单位产品成本，登记生产成本明细账。

第三、编制氯气车间自制半成品结转表，编制记账凭证，结转液态氯气成本明细账。

②液态氯气车间成本计算

第一、根据审核无误的各种费用分配表及记账凭证，登记液态氯气车间生产成本明细账。

第二、编制液态氯气产品成本计算单，计算液态氯气总成本及单位产品成本，登记生产成本明细账。

第三、编制液态氯气产品入库单，编制记账凭证，结转库存商品账户。

③合成车间成本计算

第一、根据审核无误的各种费用分配表及记账凭证，登记合成车间生产成本明细账。

第二、编制液态氯气产品出库单，将液态氯气产品成本计入合成车间生产成本明细账。

第三、编制盐酸产品成本计算单，计算盐酸总成本核算及单位成本，登记生产成本明细账。编制氯丙烯焕产品成本计算单，计算氯丙烯完工产品总成本、月末在产品及单位产品成本并登记生产成本明细账。

第四、编制盐酸产品入库单和氯丙烯产品入库单，编制记账凭证，结转"库存商品账户"。

3.相关资料

（1）氯气车间产品成本计算单见4-10-1，氯气车间自制半成品结转表见4-10-2。

（2）液态氯气车间成本计算单见4-10-3，产品入库单见4-10-4。

（3）液态氯气车间产品出库见4-10-5、4-10-6。

（3）合成本间成本计算单见4-10-7、4-10-8，产品入库单见4-10-9。

4-10-1

产品成本计算单

车间：氯气车间 产量：600吨

产品：氯气 年12月31日 单位：元

成本项目 / 摘要	直接材料	直接人工	制造费用	合　计
产品总成本				
产品单位成本				

制单：杨萍

4-10-2

氯气车间自制半成品结算表

年12月31日 单位：元

车间	产品名称	单位	产量	单位成本	总成本	直接材料	直接人工	制造费用
氯气车间	氯气							

4-10-3

产品成本计算单

车间：液态氯气车间　　　　　　　　　　　　　　　　　　　产量：4000吨

产品：液态氯气　　　　　　　　　　年12月31日　　　　　　　　　单位：元

成本项目 摘要	直接材料	直接人工	制造费用	合计
产品总成本				
产品单位成本				

制单：杨萍

4-10-4

产成品入库单

车间：液态氯气车间　　　　　　　　年12月31日　　　　　　　　　单位：元

产品名称	单　位	数　量	单位成本	总成本

制单：牛荣

4-10-5

产品出库单

仓库号06

领料单位：合成车间　　　　　　　年12月24日　　　　　　　单位：元

类别编号	材料名称	规　格	单　位	数　量	单　价	金　额	用　途
	液态氯气		吨	40			生产盐酸

组长　　　　　　　　　　　　　　　　领料人：李义

4-10-6

产品出库单

仓库号06

领料单位：合成车间　　　　　　　年12月31日　　　　　　　单位：元

类别编号	材料名称	规　格	单　位	数　量	单　价	金　额	用　途
	液态氯气		吨	40			生产氯丙烯

组长　　　　　　　　　　　　　　　　领料人：李义

4-10-7

产品成本计算单

车间：合成车间　　　　　　　　　　　　　　　　　　　　完工产量：600吨

产品：盐酸　　　　　　　　　年12月31日　　　　　　　　　单位：元

成本项目 摘要	直接材料	直接人工	制造费用	合　计
产品总成本				
产品单位成本				

制单：杨萍

注：产品入库单略

4-10-8

产品成本计算单

车间：合成车间　　　　　　　　年12月31日　　　　　　　　完工产量：70吨

产品：氯丙烯　　　　　　　　　　　　　　　　　　　　　　　单位：元

成本项目 摘要	直接材料	直接人工	制造费用	合计
月初在产品成本				
本月生产费用				
合　计				
完工产品成本				
单位产品成本				
月末在产品成本	9945	1055	1460	12460

制单：杨萍

4-10-9

产成品入库单

车间：合成车间　　　　　　　　　　　　　　　　　　　　　　　　　　　单位：元

产品名称	单　位	数　量	单位成本	总成本

制单：牛荣

项目十一
期间费用核算操作实训指导

项目目标

复习期间费用的内容，掌握期间费用的归集方法，形成期间费用的会计处理技能。

任务一　期间费用的基础知识

【实训任务】

通过讲述，使学生了解期间费用的基础知识。

【任务解析】

1.期间费用的概念及核算内容。

2.期间费用的归集与结转方法。

【实训教学内容】

1.期间费用的概念及核算内容

（1）期间费用的概念

期间费用是指企业在生产经营过程中发生的，与产品生产活动没有直接联系，属于某一时期发生的直接计入当期损益的费用。

（2）期间费用的核算内容

①销售费用：指企业在销售过程中发生的各项费用，以及专设销售机构的各项费用。

②管理费用：指企业行政管理部门为组织生产经营活动而发生的各项管理费用。

③财务费用：指企业为筹集生产经营所需资金而发生的财务费用。

2.期间费用的归集与结转方法

（1）销售费用的归集与结转方法

销售费用的归集与结转是通过"销售费用"总账科目和所属明细科目进行归集和结转。月末将销售费用的发生额全部结转到"本年利润"科目。

（2）管理费用的归集与结转方法

管理费用的归集与结转是通过"管理费用"总账科目和所属明细科目进行归集和结转。月末将管理费用的发生额全部结转到"本年利润"科目。

（3）财务费用的归集与结转方法

财务费用的归集与结转是通过"财务费用"总账科目和所属明细科目进行归集和结转。月末将财务费用的发生额全部结转到"本年利润"科目。

任务二 期间费用实训

【实训任务】

通过讲述，使学生了解期间费用的核算要求，掌握期间费用操作业务流程。

【任务解析】

1.期间费用的核算要求；

2.期间费用操作业务流程。

【实训教学内容】

1.期间费用的核算要求

（1）深刻理解期间费用的组成内容

（2）理解期间费用的含义。

（3）正确判断期间费用的核算内容及核算账户。

2.期间费用操作业务流程

（1）收到供电局电费付款通知，支付电费，并编制记账凭证。见凭证4-11-1、4-11-2。

（2）收到自来水公司水费付款通知，支付水费，并编制记账凭证。见凭证4-11-3、4-11-4。

（3）支付购买账本费及复印费，并编制记账凭证。见凭证4-11-5至4-11-7。

（4）支付12月份电话费，并编制记账凭证。见凭证4-11-8。

（5）支付第四季度银行借款利息，并编制记账凭证。见凭证4-11-9。

（6）支付广告费，并编制记账凭证。见凭证4-11-10、4-11-11。

（7）支付企业咨询费，并编制记账凭证。见凭证4-11-12。

（8）支付管理部门办公用品费，并编制记账凭证。见凭证4-11-13、4-11-14。

（9）支付外宾接待费，并编制记账凭证。见凭证4-11-15、4-11-16。

（10）年末计提坏账准备，并编制记账凭证。见凭证4-11-17。

（11）支付轿车修理费，并编制记账凭证。见凭证4-11-18、4-11-19。

（12）将"管理费用"明细账户余额结转到"本年利润"账户。

（13）编制全部成本费用核算科目汇总表，并据以登记总分类账户。

4-11-1

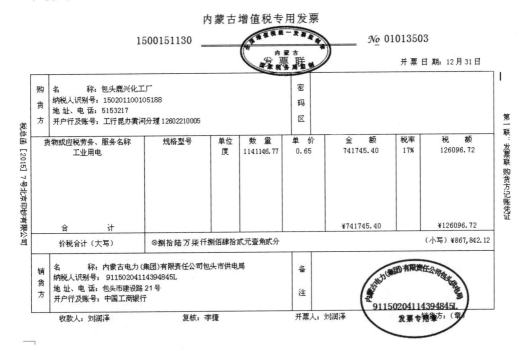

4-11-2

4-11-3

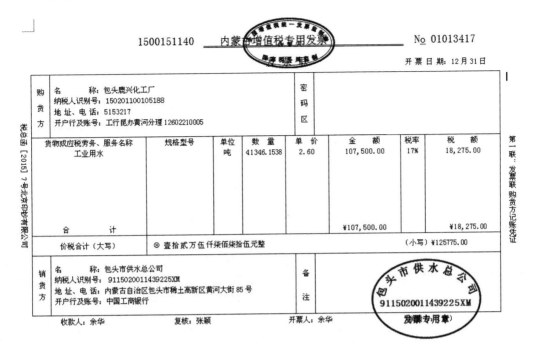

4-11-4

4-11-5

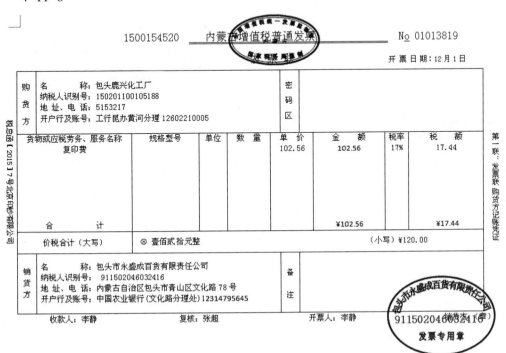

1500154518　　内蒙古增值税普通发票　　№ 01013816

开票日期：12月1日

购货方	名　　称：包头鹿兴化工厂 纳税人识别号：150201100105188 地　址、电话：5153217 开户行及账号：工行昆办黄河分理 12602210005				密码区			
货物或应税劳务、服务名称	规格型号	单位	数量	单价	金额	税率	税额
账本		本	10	6.84	68.40	17%	11.63
合　　计					¥68.40		¥11.63
价税合计（大写）	⊗ 捌拾元整				（小写）¥80.00		
销货方	名　　称：包头市永盛成百货有限责任公司 纳税人识别号：911502046032416 地　址、电话：内蒙古自治区包头市青山区文化路78号 开户行及账号：中国农业银行（文化路分理处）12314795645				备注			

收款人：李静　　　复核：张超　　　开票人：李静　　　销货方：（章）

（税总函〔2015〕7号北京印钞有限公司）

第一联：发票联 购货方记账凭证

4-11-6

1500154520　　内蒙古增值税普通发票　　№ 01013819

开票日期：12月1日

购货方	名　　称：包头鹿兴化工厂 纳税人识别号：150201100105188 地　址、电话：5153217 开户行及账号：工行昆办黄河分理 12602210005				密码区			
货物或应税劳务、服务名称	规格型号	单位	数量	单价	金额	税率	税额
复印费				102.56	102.56	17%	17.44
合　　计					¥102.56		¥17.44
价税合计（大写）	⊗ 壹佰贰拾元整				（小写）¥120.00		
销货方	名　　称：包头市永盛成百货有限责任公司 纳税人识别号：911502046032416 地　址、电话：内蒙古自治区包头市青山区文化路78号 开户行及账号：中国农业银行（文化路分理处）12314795645				备注			

收款人：李静　　　复核：张超　　　开票人：李静　　　销货方：（章）

（税总函〔2015〕7号北京印钞有限公司）

第一联：发票联 购货方记账凭证

4-11-7

包头鹿兴化工厂
费用报销证明单

年12月1日

项 目	说 明	金 额							附 件
		万	千	百	十	元	角	分	
账 本					8	0	0	0	
复印费	包头鹿兴化工厂 .12.21 现金付讫			1	2	0	0	0	
报销总额		￥	2	0	0	0	0		

单位负责人：杨萍　　　　　　　　　　　　　　　　　　领款人：马长春

4-11-8

托收凭证 （付款通知）　　　　　　　5

委托日期　　　年 12 月 10 日　　　　　　　付款期限　年 月 日

业务类型	委托收款(□邮划、☑电划)		托收承付(□邮划、□电划)											
付款人	全称	包头鹿兴化工厂		收款人	全称	中国联通包头分公司								
	账号	12602210005			账号	12002210047								
	地址	内蒙古省包头市县 开户行 工行昆办黄河分理处			地址	内蒙古省包头市县 开户行 工行昆办								

金额	人民币(大写) 柒仟捌佰元整	亿	千	百	十	万	千	百	十	元	角	分
					￥	7	8	0	0	0	0	

款项内容	电话费	托收凭据名称		附寄单证张数	

商品发运情况　　　　　　　　　　　　　　合同名称号码

备注：

付款人开户银行收到日期　　年 月 日　　付款人开户银行　　　年 月 日
复核　　　记账

包头市工商银行
昆区办事处黄河分理

付款人注意：
1. 根据支付结算办法，上列委托收款(托收承付)款项在付款期限内未提出拒付，即视为同意付款，以此代付款通知。
2. 如需提出全部或部分拒付，应在规定期限内，将拒付理由书并附债务证明退交开户银行。

此联付款人开户银行给付款人按期付款通知

4-11-9

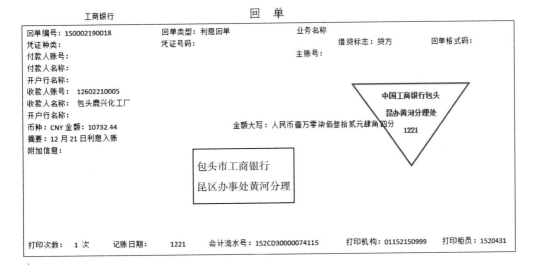

工商银行　　　　　　　　　　回　单

回单编号：150002190018	回单类型：利息回单	业务名称
凭证种类：	凭证号码：	借贷标志：贷方　回单格式码：
付款人账号：		主账号：
付款人名称：		
开户行名称：		
收款人账号：12602210005		
收款人名称：包头鹿兴化工厂		
开户行名称：		
币种：CNY 金额：10732.44		中国工商银行包头昆办黄河分理处 1221
摘要：12月21日利息入账	金额大写：人民币壹万零柒佰叁拾贰元肆角肆分	
附加信息：		

包头市工商银行
昆区办事处黄河分理

打印次数：　1 次　　记账日期：　1221　　会计流水号：152CD30000074115　　打印机构：01152150999　　打印柜员：1520431

4-11-10

包头鹿兴化工厂

费用报销证明单

年12月1日

项　目	说　明	金　额							附　件
		万	千	百	十	元	角	分	
广告位牌			1	0	0	0	0	0	
	包头鹿兴化工厂 .12.21 现金付讫								
报销总额		￥	1	0	0	0	0	0	

单位负责人：杨萍　　　　　　　　　　　　　　　　　　　　　　　领款人：马长春

4-11-11

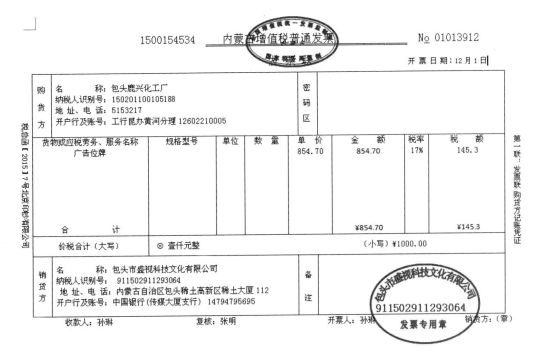

4-11-12

托收凭证 (付款通知)			5								

委托日期　年 12 月 24 日　　付款期限　年 月 日

业务类型	委托收款(□邮划、☑电划)	托收承付(□邮划、□电划)									

付款人	全称	包头鹿兴化工厂		收款人	全称	青山区就业服务中心					
	账号	12602210005			账号	12600247044					
	地址	内蒙古省包头市县 开户行 工行昆办黄河分理处			地址	内蒙古省包头市县 开户行 工行青办					

金额	人民币(大写) 壹仟玖佰陆拾元整	亿	千	百	十	万	千	百	十	元	角	分
						¥	1	9	6	0	0	0

款项内容：失业保险金　托收凭据名称　　附寄单证张数

商品发运情况　　合同名称号码

备注：

付款人开户银行收到日期　年 月 日
复核　记账

包头市工商银行　　付款人注意：
……办事处黄河分理　1.根据支付结算办法，上列委托收款(托收承付)款项在付款期限内未提出拒付，即视为同意付款，以此代付款通知。
年 月 日　2.如需提出全部或部分拒付，应在规定期限内，将拒付理由书并附债务证明退交开户银行。

4-11-13

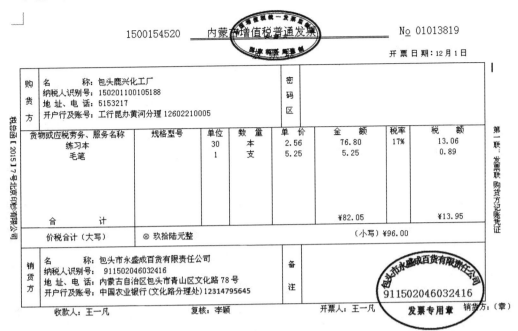

1500154520	内蒙古增值税普通发票					No 01013819		

开票日期：12月1日

购货方
名　　称：包头鹿兴化工厂
纳税人识别号：150201100105188
地址、电话：5153217
开户行及账号：工行昆办黄河分理 12602210005

密码区

货物或应税劳务、服务名称	规格型号	单位	数量	单价	金　额	税率	税　额
练习本		本	30	2.56	76.80	17%	13.06
毛笔		支	1	5.25	5.25		0.89
合　　计					¥82.05		¥13.95

价税合计（大写）　⊗玖拾陆元整　　　　　　　　（小写）¥96.00

销货方
名　　称：包头市永盛成百货有限责任公司
纳税人识别号：911502046032416
地址、电话：内蒙古自治区包头市青山区文化路78号
开户行及账号：中国农业银行（文化路分理处）12314795645

备注

911502046032416
发票专用章

收款人：王一凡　　　复核：李颖　　　开票人：王一凡　　　销货方：（章）

4-11-14

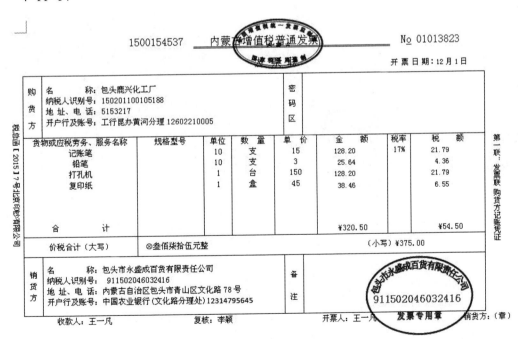

1500154537	内蒙古增值税普通发票					No 01013823		

开票日期：12月1日

购货方
名　　称：包头鹿兴化工厂
纳税人识别号：150201100105188
地址、电话：5153217
开户行及账号：工行昆办黄河分理 12602210005

密码区

货物或应税劳务、服务名称	规格型号	单位	数量	单价	金　额	税率	税　额
记账笔		支	10	15	128.20	17%	21.79
铅笔		支	10	3	25.64		4.36
打孔机		台	1	150	128.20		21.79
复印纸		盒	1	45	38.46		6.55
合　　计					¥320.50		¥54.50

价税合计（大写）　⊗叁佰柒拾伍元整　　　　　　　（小写）¥375.00

销货方
名　　称：包头市永盛成百货有限责任公司
纳税人识别号：911502046032416
地址、电话：内蒙古自治区包头市青山区文化路78号
开户行及账号：中国农业银行（文化路分理处）12314795645

备注

911502046032416
发票专用章

收款人：王一凡　　　复核：李颖　　　开票人：王一凡　　　销货方：（章）

4-11-15

中国工商银行
转账支票存根
BL
02 02568532

附加信息

出票日期： 年12月30日

收款人：	包头天外天大酒店
金 额：	¥14,365.00
用 途：	接待费

单位主管 会计

4-11-16

包头鹿兴化工厂
费用报销证明单

年12月30日

项 目	说 明	金 额									附 件
		百	十	万	千	百	十	元	角	分	
外宾接待费				1	4	3	6	5	0	0	
	包头鹿兴化工厂										
	.12.21										
	现金付讫										
报销总额		¥	1	4	3	6	5	0	0		

单位负责人：万顺

注：接待费用单据略

4-11-17

应提坏账准备计算表

年12月31日

应收账款年末数	坏账准备提取比例	应提坏账准备	已提坏账准备	实际提取坏账准备
1082508.54	3‰		−201.50	

4-11-18

1500154196	内蒙市增值税专用发票		No 01013479

开票日期：12月28日

<table>
<tr><td rowspan="4">购货方</td><td>名　　　称：包头鹿兴化工厂</td><td rowspan="4">密码区</td></tr>
<tr><td>纳税人识别号：150201100105188</td></tr>
<tr><td>地址、电话：5153217</td></tr>
<tr><td>开户行及账号：工行昆办黄河分理 12602210005</td></tr>
</table>

货物或应税劳务、服务名称	规格型号	单位	数量	单价	金额	税率	税额
轿车修理费					5128.21	17%	871.79
合　　计					¥5128.21		¥871.79

价税合计（大写）	⊗ 陆仟元整	（小写）¥6000.00

<table>
<tr><td rowspan="4">销货方</td><td>名　　　称：包头运输修配有限分公司</td><td rowspan="4">备注</td></tr>
<tr><td>纳税人识别号：1502048187454</td></tr>
<tr><td>地址、电话：包头市东河区工业路 4765902</td></tr>
<tr><td>开户行及账号：工行东河胜利路分理处 12002345645</td></tr>
</table>

收款人：祁伟　　　　复核：张旭　　　　开票人：李佳　　　　销货方：（章）

第一联：发票联 购货方记账凭证

税总函 [2015] 7号北京印钞有限公司

4-11-19